『正法眼蔵』「菩提薩埵四摂法」提唱

青山俊董

春秋社

『正法眼蔵』「菩提薩埵四摂法」提唱　目次

『正法眼蔵』「菩提薩埵四摂法」提唱

菩提薩埵四摂法　原文

正法眼蔵第二十八　菩提薩埵《ぼだいさった》四摂法《ししょうぼう》

一ニハ者、布施《ふせ》。二ニハ者、愛語《あいご》。三ニハ者、利行《りぎょう》。四ニハ者、同事《どうじ》。

その布施といふは、不貪《ふとん》なり。不貪といふは、むさぼらざるなり。むさぼらずといふは、よのなかにいふ、へつらはざるなり。たとひ四洲《ししゅう》を統領《とうりょう》すれども、正道《しょうどう》の教化《きょうけ》をほどこすには、かならず不貪なるのみなり。たとへば、すつるたからを、しらぬ人にほどこさんがごとし。遠山《えんざん》の華《はな》を、如来に供《くう》じ、前生《ぜんしょう》のたからを、衆生にほどこさん、法におきても、物におきても、面面に布施に相応する功徳を本具せり。我物《わがもの》にあらざれども、布施をさへざる道理あり。そのもののかろきをきらはず、その功の実なるべきなり。道《どう》を道にまかするとき、得道す。得道のときは、道《どう》、かならず道にまかせられゆくなり。財《ざい》の、たからにまかせらるるとき、財、かならず布施となるなり。自を自にほどこし、他を他にほどこすなり。この布施の因縁力《いんねんりき》、とほく天上・人間までも通じ、証果の賢《けん》・聖《しょう》までも通ずるなり。そのゆえは、布施の、能受となりて、すでに縁をむすぶがゆえに。

ほとけののたまはく、布施する人の、衆会《しゅえ》のなかにきたるときは、まづその人を、諸人《しょにん》、のぞみみる。

しるべし、ひそかにそのこころの通ずるなり、と。しかあればすなはち、一句・一偈の法をも布施すべし、此生他生《ししょうたしょう》の善種となる。一銭《いっせん》・一草《いっそう》の財《たから》をも布施すべし、此世多世《しせたせ》の善根《ぜんごん》をきざす。法もたからなるべし、財《たから》も法なるべし。願楽《がんぎょう》によるべきなり。

まことにすなはち、ひげをほどこしては、もののこころをととのへ、いさごを供《く》じては、王位をうるなり。ただかれが報謝をむさぼらず、みづからがちからをわかつなり。舟をおき、橋をわたすも、布施の檀度《だんど》なり。もしよく布施を学するときは、受身・捨身ともにこれ布施なり、治生産業《ちしょうさんぎょう》もとより布施にあらざる事《こと》なし。はなを風にまかせ、鳥をときにまかするも、布施の功業《くうごう》なるべし。阿育《あいく》大王の半菴羅果《はんあんらか》、よく数百の僧に供養せし、広大の供養なりと証明《しょうみょう》する道理、よくよく能受の人も学すべし。身力《しんりき》をはげますのみにあらず、便宜《べんぎ》をすごさざるべし。まことに、みづからに布施の功徳の本具なるゆえに、いまのみづからは、えたるなり。

ほとけののたまはく、於テモ二其ノ自身ニ一、尚オ可シ二受用ス一、何《いか》ニ況ンヤ能ク与エンヲヤ二父母妻子ニ一。

しかあればしりぬ、みづからもちいるも、布施の一分なり、父母・妻子にあたふるも、布施なるべし。もし、よく布施に一塵を捨《しゃ》せんときは、みづからが所作《しょさ》なりといふとも、しづかに随喜《ずいき》すべきなり。諸仏のひとつの功徳を、すでに正伝しつくれるゆえに。菩薩の一法を、はじめて修行するがゆえに。

転じがたきは衆生のこころなり、一財をきざして衆生の心地を転じはじむるより、得道にいたるまでも転ぜんとおもふなり。そのはじめ、かならず布施をもてすべきなり。かるがゆえに、六波羅蜜《ろくはらみつ》のはじめに檀波羅蜜《だんはらみつ》あるなり。心《こころ》の大小は、はかるべからず、物《もの》の大小も、はかるべからず。されども、心転《しんてん》レ物《もつ》のときあり、物転《もってん》レ心《しん》の布施あるなり。

愛語、といふは、衆生をみるに、まづ慈愛の心をおこし、顧愛《こあい》の言語《ごんご》をほどこすなり。おほよそ、暴悪《ぼうあく》の言語なきなり。世俗には、安否《あんぴ》をとふ礼儀あり、仏道には、珍重《ちんちょう》のことばあり、不審の孝行《こうこう》あり。慈念衆生《じねんしゅじょう》、猶如赤子《ゆうにょしゃくし》ノ〈衆生を慈愛すること、猶《な》お赤子《しゃくし》の如くす〉おもひをたくはへて言語するは、愛語なり。徳あるは、ほむべし、徳なきは、あはれむべし。愛語をこのむよりは、やうやく愛語を増長するなり。しかあれば、ひごろしられず、みえざる愛語も、現前するなり。現在の身命《しんみょう》の存せらんあひだ、このむで愛語すべし、世世《せせ》生生《しょうしょう》にも、不退転ならん。怨敵《おんてき》を降伏《ごうぶく》し、君子《くんし》を和睦《わぼく》ならしむること、愛語を根本とするなり。むかひて愛語をきくは、おもてをよろこばしめ、こころをたのしくす。むかはずして愛語をきくは、肝《きも》に銘《めい》じ、魂《たましい》に銘ず。しるべし、愛語は、愛心よりおこる、愛心は、慈心《じしん》を種子《しゅうじ》とせり。愛語、よく回天《かいてん》のちからあることを、学すべきなり、ただ、能《のう》を賞するのみにあらず。

利行《りぎょう》、といふは、貴賤《きせん》の衆生におきて、利益《りやく》の善巧《ぜんぎょう》をめぐらすなり。たとへば、遠近《おんごん》の前途をまぼりて、利他の方便をいとなむ。窮亀《きゅうき》をあはれみ、病雀《びょうじゃく》をやしなふべし。窮亀をみ、病雀をみしとき、かれが報謝をもとめず、ただひとへに、利行にもよほさるるなり。

愚人《ぐにん》おもはくは、利他をさきとせば、自《みずから》が利、はぶかれぬべし、と。しかには、あらざるなり。利行は、一法《いっぽう》なり、あまねく自他を利するなり。むかしの人《ひと》、ひとたび沐浴《もくよく》するに、みたびかみをゆひ、ひとたび飡食《さんじき》するに、みたび、はきいだせしは、ひとへに他を利せしこころなり。ひとのくにの民《たみ》なれば、をしへざらんとにはあらざりき。

しかあれば、怨親《おんしん》、ひとしく利すべし、自他《じた》おなじく利するなり。もしこのこころをうれば、草木《そうもく》・風水《ふうすい》にも、利行の、おのれづから不退不転なる道理、まさに利行せらるるなり。ひとへに愚をすくはんと、いとなむなり。

同事《どうじ》、といふは、不違《ふい》なり。自にも不違なり、他にも不違なり。たとへば、人間の如来は、人間に同《どう》ぜるがごとし。人界《にんがい》に同ずるをもてしりぬ、同余界《どうよかい》なるべし。同事をしるとき、自他一如なり。かの琴《きん》・詩《し》・酒《しゅ》は、人《ひと》を、ともとし、天を、ともとし、神を、ともとす。人は、琴・詩・酒をともとす、琴・詩・酒は、琴・詩・酒をともとし、人は、人をともとし、天は、天をともとし、神は、神をともとすることわりあり。これ、同事の習学《しゅうがく》なり。

たとへば、事《じ》といふは、儀《ぎ》なり、威《い》なり、態《たい》なり。他をして自に同ぜしめて、のちに自をして他に同ぜしむる道理あるべし。自・他は、ときにしたがうて無窮なり。

管子云ク、海ハ不レ辞セレ水ヲ、故ニ能ク成二其ノ大一ヲ。山ハ不レ辞セレ土ヲ、故ニ能ク成二其ノ高一ヲ。明主ハ不レ厭ワレ人ヲ、故ニ能ク成二其ノ衆一ヲ。〈管子《かんし》云く、海は水を辞せず、故に能く其《そ》の大を成《な》す。山は土を辞せず、故に能く其の高を成《な》す。明主は人を厭《いと》わず、故に能く其《そ》の衆を成す。〉

しるべし、海の、水を辞《じ》せざるは、同事なり。さらにしるべし、水の、海を辞せざる徳も、具足せるなり。このゆえに、よく水《みず》あつまりて海となり、土《つち》かさなりて山となるなり。ひそかにしりぬ、海は、海を辞せざるがゆえに、海をなし、おほきなることをなす。山は、山を辞せざるがゆえに、山をなし、たかきことをなすなり。明主《めいしゅ》は、人をいとはざるがゆえに、その衆《しゅ》をなす。衆とは、国なり。いはゆる明主とは、帝王をいふなるべし。帝王は、人をいとはざるなり、人をいとはずといへども、賞《しょう》・罰《ばつ》なきにあらず、賞・罰ありといへども、人をいとふことなし。

むかし、すなほなりしときは、国に賞・罰なかりき。かのときの賞・罰は、いまと、ひとしからざればなり。いまも、賞をまたずして道《どう》をもとむる人もあるべきなり、愚夫の思慮の、およぶべきにあらず。明主は、あきらかなるがゆゑに、人をいとはず。人《ひと》、かならず国をなし、明主をもとむるこころあれども、明主の明主たる道理をことごとくしる事《こと》まれなるゆゑに、明主にいとはれずとのみよろこぶといへども、わが、明主をいとはざるとしらず。このゆゑに、明主にも、暗人《あんにん》にも、同事の道理あるがゆゑに、同事は、薩埵《さった》の行《ぎょう》願《がん》なり。ただまさに、やはらかなる容顔をもて、一切にむかふべし。

この四摂《しょう》、おのおの四摂を具足せるがゆゑに、十六摂なるべし。

正法眼蔵菩提薩埵四摂法第二十八

仁治癸卯端午日記録。　入宋伝法沙門道元記

一　「菩提薩埵四摂法」解題

「菩提薩埵四摂法」執筆の背景

今回から、「菩提薩埵四摂法」の参究に入らせていただきます。

ご存知の通り、「四摂法」は『修証義』の第四章に多く引用してあり、『修証義』をお読みする上においても、学んでおきたいものの一つです。

この「菩提薩埵四摂法」は巻末に、「仁治、癸卯《みずのとう》、端午の日に記録す。」と書いてあります。道元禅師が宇治の興聖寺《こうしょうじ》におられた、最後のころのご説示ですね。仁治四年（一二四三）というのは、今から七百八十年ほど前になりますかな。道元様、四十四歳のときです。端午の日ですから、五月五日にご説法されたというわけです。このあとまもなく、越前国の地頭・波多野義重の招きに応じて、京都を離れて入越されます。

当時のことを、道元様と同時代を生きた、藤原俊成の息子の藤原定家が、『明月記《めいげつき》』のなかで記しています。宇治の興聖寺が比叡山の山徒によって破却された、と書き残しています。

藤原俊成や定家の末裔は「冷泉家」と呼ばれ、日本の貴重な歴史を残すものとして「冷泉文庫」が有名です。明治に都が東京に遷った際、京都の公家たちが大挙して東京へついて行ったけれども、この冷泉家だけは京都に残りました。おかげで、東京大空襲でいろいろなものがみな駄目になったけれども、日本の貴重な歴史資料である冷泉文庫は、京都にとどまったために残ることができました。そのなかでも貴重な定家の日記が、『明月記』です。そのなかで、道元禅師のことを、「仏法房のこと」として記されているわけです。

道元様という方は、皆さんご存知のように、「禅」という言葉も嫌われました。まして、「曹洞宗」という言葉も決してお使いにならなかった。いわゆるセクト、宗派ではない。どこまでも、まっすぐお釈迦様を見つめて、どこまでも仏法を、という姿勢が道元様でした。だから、定家郷も道元様のことを「仏法房のこと」とお呼びになったのです。

道元様は、如浄禅師から「城邑聚洛《じょうおうじゅらく》に住むことなかれ」と、「深山幽谷に居して一箇半箇を接得せよ」という遺言を受けていました。人々の大勢いる、あるいは天子や偉い人のいる街に住まず、なるべく山深い閑かな処に住んで、一人でもよいから本物の仏法者を育てよ、と、それが如浄禅師の最期に託された願いであったのです。それもあり、道元禅師四十四歳のとき、興聖寺が破却されたことをきっかけにして、山深い越前の地へ入越されます。ですからこの「菩提薩埵四摂法」が、宇治の興聖寺における十年間の、最後のお示しになるというわけです。

菩薩とはなにか

「菩提薩埵四摂法」の解題に入る前に、ここで一つ考えておきたいことがございます。菩提薩埵とは菩薩のことです。菩薩には向上門の菩薩と、向下門の菩薩の二つがある、と、まずは受け止めておきましょう。

澤木興道老師が、「仏様の方向へと自分の生きる方向づけができた人を『菩薩』と呼ぶ」とおっしゃいました。

こういうお話がありますね。お釈迦様がガンジス川を渡っておられた。インドへ行ったことがある方もいらっしゃると思いますが、ガンジス川も比較的下流になると、海のように、向こう岸が見えませんね。そのガンジス川を渡っておられるとき、船が朽損していたのでしょう。浸水しはじめてしまった。そこでお釈迦様は、お弟子さんたちと船に入った水を汲みだしながら、向こうの岸にわたって、そこでこうお説きになった。

比丘よ
この船より
水を汲《く》むべし
汲まば
汝の船は
軽く走らん
貪《むさぼり》と瞋《いかり》を断たば
爾は早く
涅槃《さとり》に至らん

『法句経』三六九　友松圓諦訳

貪りと怒り、要するに煩悩の代表ですね。この人間の煩悩を断てば、早くお前たちは涅槃に至ることができるであろう、静寂の世界に至ることができるであろう、と、お釈迦様はこうお説きになりました。

『法句経』のこのお話を、随筆家の江原通子《ゆきこ》先生が、「浮かべる水も沈める水もひとつ」と、こうおっしゃったことがあるんです。これはいいですね。欲がイコール悪ではない。欲は命のエネルギーです。大事な命のエネルギー、天地いっぱいから授かった命のエネルギー。そのことに気づかずに、自我の満足のほうにばかり、その欲を向ける。こうなったとき、「煩悩」となる。天地いっぱいからの授かりの命ということに気づいて、それにふさわしい、今、ここの生き方をしましょうじゃないか、と。そう方向転換できたとき、これが「誓願」となる。

「浮かべる水も沈める水もひとつ」。いいですね。同じ水を船の中に取り込んだら、船は沈んでしまう。外へかき出したら、船を浮かべて推し進める水に変わる。まったく働きが変わるわけです。

天地総力のお働きをいただいて、こうして喋ることも、聞くことも、書くことも、眠ることもできる。しかしわれわれ凡夫はそのことに気づかず、その命を自我の満足する方向にばかり使っている。遺伝子学者の村上和雄先生のおっしゃる「モア・アンド・モア」、「もっと、もっと」と。それを増長させていくと、自分を破滅させる。人類が自分たちのことばかり考えていると、結局は人類そのものを絶滅させる。その方向にいま向いている、とおっしゃったけれども、同じことですね。

どうしても、個人の人間にしても、小さな自我の満足ばかりを追いかけまわして、結局、それに苦しめられている。そのありようをお釈迦様は「煩悩」と呼び、「断て」「断ち切れ」と、厳しく示されています。

あるいは、「八大人覚」でいえば、「少欲・知足」と誡められています。欲は命のエネルギーですから、それを少しでも良い方向に向けていく。より向上しようとする、少しでも世のため、人のためにお役に立つような生き方を目指していくことが大切です。

向上門の菩薩

天地いっぱいからの授かりの命と知り、それにふさわしい今ここの生き方へと、命の方

向づけができる。私はこれを「生かされている御恩返しとして、生かして生きる」という
いい方をしております。いわゆる「利他行」です。授かりの命のエネルギーを、向上へ、
利他行へと方向づけができた人、いわゆる誓願の方向へと方向づけができた人を、「菩薩」
と呼ぶ。これが向上門の菩薩ですね。

同じ一つのエネルギーの方向づけ、ということで、思い出すことがあります。ずいぶん
古い話ですが、豊明市の主催で、青少年健全育成市民大会というのに頼まれてお話に伺い
ました。そこへ行きましたら、壇上に、「愛の手で非行の芽を摘もう」という、垂れ幕が
かかっていました。

私は開口一番、「このスローガン、気に入らない」と文句を言いました。「愛の手で非行
の芽を摘む」のではなく、「愛の手でよい芽をのばそう」という姿勢でなければ、駄目な
のではないでしょうか、と申し上げたのを覚えています。

非行に伸びる命も、良い方向に伸びる命も、命のエネルギーに変わりはない。摘むこと
ばかりを考えていたら、命の出場所がない。誰でも良いところを持っているのだから、そ
れを伸ばすことを考えれば、横に出る芽はなくなるはずです。

『次郎物語』を書いた下村湖人の詩に、薔薇をうたったものがあります。

あなたとわたしとは　いま薔薇の花園を歩いている。
あなたは言う、
「薔薇の花は美しい。だが、そのかげにはおそろしいトゲがある」と。
けれども、わたしは言いたい。
「なるほど、薔薇にはトゲがある。
それでも、こんなに美しい花を咲かせる」と。　下村湖人

どう違うか、「あなた」は同じ薔薇を見ていても、トゲのほうに、欠点の方に視線を注いでいる。それに対して、「わたし」は美しさに目がいって、トゲのほうは許されるべきものとしている。この姿ですね。

トゲも花も、命のエネルギーの姿に変わりはない。良いところ、美しいところを見て、それを伸ばそうじゃないか、と。同じ一つのものの、どこに目をやるか、これも大事なことです。本来の命の姿に目覚めて、それにふさわしい方向へ、仏様《ほとけさま》の方向へと、方向づけが出来た人、これが向上門の菩薩です。

向下門の菩薩

それからもう一つ、向下門の菩薩というのは、地蔵菩薩とか、観音菩薩とかいう仏様方です。念のため申し上げておくと、「観音三十三応化身」といいますが、三というのは無限大ということですよ。漢文の世界なり、仏教の世界では、たとえば「白髪三千丈」とか、あるいは「三十年来行脚し来たれ」とか、この三という字をよく使います。百人に百人の姿をとる。千人に千人の姿をとる。菩薩の誓願の姿ですね。

一日に八万四千の煩悩あり
八万四千のみ仏います　　青木敬麿

という歌があります。煩悩の数だけ、迷える衆生の数だけ、仏様は姿を現してくださる。病人には病人の姿を、子どもには子どもの姿を、というように、まったく相手と一つになってお救いくださる。これがこの「四摂法」の後半に出てくる、同事・同悲の姿でもあるわけです。

というわけで、ここでは「菩薩」と呼んだとき、「向上門の菩薩」と「向下門の菩薩」と、両方あるということを心にとどめていただきましょう。

南無病気大菩薩

それから、「菩提薩埵四摂法」の「菩薩」というのは、「菩提薩埵」を略したものです。「四摂法」の「摂」というのは、おさめとる、仏の世界に全部おさめとる、少しももれなく全部ひきいれる、という意味です。

わたくしごとで恐縮ですが、ここ四～五年の間に、脳梗塞、心筋梗塞、大腸癌、心臓発作、癌の肝臓転移等々、次々と大病をいただきました。去年の夏は大腸がん切除の開腹手術で入院し、あと五日で退院、というとき、心臓発作を起こしました。病院にいたおかげで、命が助かりましたけれども。もし、病院にいても、夜だったり、発見が遅かったりしたら、今頃は、あの世の客になっていたでしょう。早く見つけていただいて、肋骨が折れるほどの心臓マッサージをして、ペースメーカーが入り、一命をとりとめました。また、このつい十日ほど前は、癌が肝臓に転移したというので、入院して三回にわたって癌をラジオ波で焼いて、というような状況です。

それまで非常に無理のきいた体で、日本ばかりではなく、海外までも走り回っておりました。けれどもここ四、五年ばかりの間に一気に、たくさん病気をもらいまして、そのおかげで、やっといろいろ気づかせていただいたり、心の運びが足りなかったな、と思ったりすることが沢山ありました。それこそ、病気を「南無病気大菩薩」と拝んでいるところです。

そして、ようやくこれで私も病人さんを見舞いにゆく資格ができたな、と。健康で走り回っているとき、私と同じくらいの歳の病人が、病院で自分の身の回りのこともできないでいるのを見舞ったときは、辛かったですね。私がこんなに走り回れるのに、同じ歳でありながら、自分で自分のこともできない。どんなにか、元気な私の姿を見て辛い思いをしているだろうと思うと、それこそ、健康であることが何か罪を犯しているようで、いたたまれない思いをいたしました。今、幸いと言っていいかわかりませんが、一気にいっぱい病気をもらいました。

でも、いろいろ気をつけなければいけないと思うことが、山ほどありまして、これもみ

爾後青山烏一声　書

な、病気からの学びです。お医者さんが私を診て、「めざましい回復力」と言われたり、「体力も気力もおありになりそうですから」と言われたりすると、やっぱり嬉しい。しかし、それがすぐ驕りになりかねない。あるいは、先日の横田南嶺老師との対談でも、「それだけ病気をされて、歳も九十ですから、その歳でそれだけ元気というのは、常人じゃありませんな」。なんて褒めていただけると、嬉しいは、嬉しい。しかしですよ、これがすぐ人間は、驕りにつながる。私の場合は、幸いにといいますか、命が助かり、回復したわけですが、それができない人もいる。驕ってはならない。

しかしながら、病気をいただいたおかげで、やっとこれで、病人を見舞う資格ができたな、と思えましてね。「私も、こうこうでね」、と、同じような思いで語ることができる。「四摂法」の終わりに、「同事」「同悲」というのが出てきますね。自分がそうなってみないと、本当のところはわかりませんから。病気をいただいたおかげで、ようやく、事を同じくする「同事」、悲しみを同じくする「同悲」ということを、身体をもって学ぶことができたな、と喜んでいます。

今回私が病気をいただいたのも、こんな私に気づかせようという、仏様の思し召しと、こう頂戴して「南無」と拝んでいることです。これが四摂法の「摂」という字の心ですね。

二　布施（前）

一ニハ者、布施《ふせ》。二ニハ者、愛語《あいご》。三ニハ者、利行《りぎょう》。四ニハ者、同事《どうじ》。

その布施といふは、不貪《ふとん》なり。不貪といふは、むさぼらざるなり。むさぼらずといふは、よのなかにいふ、へつらはざるなり。

この布施の「布《ふ》」というのは、広く敷きのべるという意味です。我われは、気に入った人とか、愛する人とか、こう限定する。そうではない。すべてに広く、広く、敷きのべるというのが、布施の「布《ふ》」の字です。

それから「施《せ》」の施しも、いろいろな姿がありますね。心を施す、ものを施す。仏《ほとけ》さまの「無畏施《むいせ》」は、畏れなきを施す。怖がらなくていいよ、というわけです。施すにもいろいろあります。病む人、あるいは寂しい思いをしている人のそばに寄り添っているだけでも、ひとつの施しです。これは大事なことです。そういう姿もありますね。

受けるのも布施

こういうことがありましたね。須田道輝《すだどうき》という、澤木老師のお弟子さんで、私の大学のころからずっと親しくしていた方がおられました。この須田さんは非常に真剣な求道者でした。

信州の私の寺にも「禅の集い」の講師として、何度かお越しいただきました。あるときの「禅の集い」にて、講師の須田さんが九州まで飛行機で帰るので、無量寺に住み込みで学びに来ていた人が、朝から弁当を拵えていました。須田さんが講演を終え、宿から無量寺に立ち寄ったところに、その弁当を持って行きました。そのとき、用意された弁当のなかから「こんなに沢山はいらんから」といって、おにぎりだけを取ろうとするのです。私は朝から一生懸命弁当を作っている姿を見ているので、「みんな持って行ってちょうだい。受けるのも布施です」と言って、あえて持って帰っていただいた。受けることで、くださった相手に喜びを布施するのです。受けるも布施。布施にはいろいろありますね。

もう一つ、やっぱり忘れられないことがあります。私がここの堂長になったのが四十二歳。非常に若かった。今はそれこそ、過保護に何でもやってもらっていますけど。四十一、二歳の頃は、行者《あんじゃ》（お世話係）を持ちましてもね、何か徳を損ずるような気がしまして、全部自分でやってしまった。朝、行者《あんじゃ》が来る頃には、布団もみんな畳んで上げてしまって、行者《あんじゃ》はやることがほとんどない。

そうしましたら、このときの行者《あんじゃ》がある日、あらたまってこう言いました。「先生にお願いがございます。先生は自分が徳を損ずると思って、ご自分でなさるかもしれませんが、それでは行者《あんじゃ》が育ちません。先生は徳を損じて行者《あんじゃ》をお育てください」。私は頭をぶん殴られる思いがしました。まだ若い十八か十九歳の行者《あんじゃ》でしたが、今でもこの言葉は忘れません。すごいことを言ってくれた。私は自分のことばかりを考えていた。本当にすまなかったな、と。徳を損ずるというかたちで、相手に徳を積ませる。そういう布施もあるんですね。

むさぼりの心を捨てる

その布施といふは、不貪《ふとん》なり。不貪といふは、むさぼらざるなり。むさぼらずといふは、よのなかにいふ、へつらはざるなり。

普通、布施《ふせ》といったら何かを寄付する、差し上げることのように思いますが、「布施というは不貪《ふとん》なり」という、むさぼりの心を捨てるという、「捨」の修行だというんです。なかなかこうはいきませんね。お賽銭箱でも、喜捨といいますけれど、なるべく軽い小銭をあげて、山ほどお願いごとをおねだりしている。それは喜捨じゃなくて、おねだりです。皆さんも、お寺で何かをなさるときに寄付をお集めになると思います。どこのお寺も例外がないというほどに、寄付帳や寄付牌がだーっとあげられている。当たり前のように思われていますが、私はあれが大嫌いです。

私がここの尼僧堂に最初に来たのは、終戦直後でしたから、ひどいものでした。衆寮になっている向こうの校舎も、古い寄宿舎をもらい受けて仮普請のまま、ということで、雨が降ったら窓辺は水浸し。ですから、私が堂長になってから、この建物を、全部作り変える必要がありました。本堂から衆寮、僧堂、書院と、全部です。

それから、この尼僧堂が百二十年前に出発した開創の地、香林寺も、全部作り変えました。

さらに自坊の無量寺も建て替えました。無量寺も約四百年近い歴史を持っています。明治の廃仏毀釈もあり、ひどい状態でした。それを本堂から庫裡、書院も全部作り変えました。

しかし、一度も寄付帳も回しませんし、寄付牌として貼り出しもしないできました。したくないんです。寄付牌を並べると、背比べして自分があの人よりたくさんとか、名誉心による競り合いが生じる。

信州の自坊の場合も、本堂改築の時、総代さんに袋を渡して、「いかほどでもいいから、お志を入れてもらってください。一切発表しません。一度だけ、集めてください」と言いました。そうしたら総代さんは、「そんなことでは先生、お金が集まりません」と言う。集まらなくてもいい。背比べしたり、お金を沢山出せる人から順番に出させて寄付をつり上げたり、世の中ではよくそんなやり方をしているけれど、私はそういう方法でお金は集めたくない。本当の浄財で建てたいのですから。一切、発表もしなければ、寄付牌も出さない。一遍だけ袋を配って、いかほどでもいいから、入れていただく。

それで、私は中身を見ようともしなかったけれど、総代さんが、「先生、一遍くらい見てくださいよ」というから、拝見しました。拝見して思いましたね。もし発表するなら多額を出しそうな人が、千円、二千円、一万円くらいで済ませている。逆に、発表しないからこそ、内緒でそーっと来られ、「普段お世話になっている御礼に」と言って、何百万円を持ってきてくださる方もいる。

尼僧堂の場合も、忘れませんが、ある日、郵便受けに百万円、黙って置いて行った人がいる。行者《あんじゃ》が、「先生、郵便受けにこんなものが入っていました」と言って持ってきたら、百万円入っていました。全く誰かわかりません。それから京都の消印でしたが、これも何百万円の寄付でした。匿名らしいな、とは思ったものの、一応返事を書きましたが、戻ってきました。「親からの財産をいただきましたから、先生に使って欲しいです」と書かれていました。

私は、「そういう浄財でできたこの衆寮や僧堂を、仏法にあらぬことに使ってはならぬ」と、そう自分に言い聞かせ、雲水にもそれを言っているわけです。

良いことをしたという驕り

「不貪というは、むさぼらざるなり」というところで、また心にとめておきたいことは、我われは何かをしても、「お返し」が欲しい、ということです。たとえばですが、電車に乗っていて席を譲るのさえも、「ありがとう」の一言を何となく待っていますね。当たり前という顔で座られると、あまりおもしろくない。あるいは、良いことをしたという驕りがある。なかなか難しいですね。

唯識に八つの驕り、「八憍」というのがあります。その中に良いことをしたという驕り、「善行憍」というのがあり、二つの留意点が示されています。

一つ目は、良いことをしたということの押し付けです。良いことをしなきゃならないかもしれませんけれど、お節介が相手を傷つけることになる。だから、福祉事業などをやる方は気をつけてもらわないといけない。自己満足であったり、善のお節介だったりして、かえって相手を傷つけることがある。

二つ目は、良いことをしたという自己満足です。「私がこれをやった」と、認められたい、あるいは、駄賃が欲しい。良いことをしたことが、自己満足になったり、押し付けになって相手を傷つけたり。難しいですね。

私の好きな詩人で、インドのタゴールという方がおられます。ちょうど私が大学の頃、タゴールの生誕百年祭でした。ガンジー、アンベードカル、タゴールと、「インドの近代三聖人」といわれる一人ですね。南インドの人です。

このタゴールがこう言っています。

あなたを愛させていただくことは私の勝手だ。
そのあなたを愛させていただくことが、
あなたの心のお荷物になることをおそれる。

なかなかこうはいきません。「こんなに愛しているのに、あなたは……」といって、私たちの愛はそういう条件つきです。ところが、タゴールは「あなたのお荷物になることをおそれる」と。人を愛するという良いことにも、相手のお荷物にならないようにという深い心の運びを持ち続ける、これはなかなかできないことですよね。

昔のことですが、非常に混んだ電車に乗っていて、私の横に青年が座っていた。おばあちゃんが乗ってきた。この青年、さっと立っておばあちゃんに席を譲った。おばあちゃんがしきりに遠慮している。そうしたら青年が、「いや、私は降りますから」と言って、さっと降りた。おばあちゃんは安心して座った。

しばらくして、ひょっと見たら、その青年が隣の車両に移っているんですね。ああ、きめ細かな心の運びの青年だな、と。心に忘れませんですね。席を譲ってくれた人が目の前で、吊革につかまって揺れていたら、心が痛む。「降りますから」というなら、安心ですね。ところが、降りますからと言って、隣の車両で吊革に掴まって揺られている姿を見て。あ、先ほどの青年だ。席を譲るにも、ここまで心を運ぶ青年はすごいな、と、今も忘れられません。

へつらいのない笑顔

その次、「むさぼらずといふは、よのなかにいふ、へつらはざるなり」。

へつらわず。へつらうとは、諂曲《てんごく》の心ですね。わが身かわいい思いがある。何かが欲しいからへつらう。それではいけません。

この尼僧堂はその昔、名古屋城の近くにありました。その頃、僧堂を寄付してくださった方に、「御納屋さん」というのがありまして。お城に料理を納めるので、「御納屋さん」といいました。

そこの女将さんで、お玉さんという方が、ここによく来ておられまして、こういう話をされたことがあります。このお玉さんは、本当は踊りで生涯を過ごすつもりが、女将さんとして引き込まれたわけです。それで、前の番頭さんに女将としてのあり方を仕込まれました。

たとえば、玄関でお客様をお迎えする。にっこりと笑って、「いらっしゃいませ」と言いますね。このにっこりが、笑いすぎても、へつらいになる。笑わなくておすまししていても、「学校の先生の奥さんじゃあるまいし」、と。非常に難しいというんですね。笑いすぎてへつらってもいけない。お高くとまってもいけない。自然な姿で、いらっしゃいませ、とにっこりすることが、非常に難しい。ですから、朝の身支度が終わると、まずは笑顔の稽古をしました、と。

この話を聞いて、感心しましたね。旅館の女将さんであっても、笑いの中にへつらいが入ってはならない。とりすましてもならない。笑い一つさえもひとつ間違うと、へつらいが入る。そういう難しいものです。ということを、しみじみと思います。

「私」の入らぬ布施

たとひ四洲《ししゅう》を統領《とうりょう》すれども、正道《しょうどう》の教化《きょうけ》をほどこすには、かならず不貪なるのみなり。

「四洲」というのは、インドの古代世界観ですね。真ん中に須弥山《しゅみせん》があって、その四方に、南閻浮洲《なんえんぶしゅう》、北倶盧洲《ほっくるしゅう》、東勝身洲《とうしょうしんしゅう》、西瞿陀尼洲《さいくだにしゅう》と、四つの洲がある。今でいうと、須弥山とは、ヒマラヤ山脈の山でしょうね。そのヒマラヤの南にインドがあるから、そこを自分たちの住む南閻浮洲《なんえんぶしゅう》と考えたのかなと思うのですが。

「たとひ四洲《ししゅう》を統領《とうりょう》すれども、正道《しょうどう》の教化《きょうけ》をほどこすには、かならず不貪なるのみなり」。四洲を統領するとは、要するに地上のすべてを治めるということです。全世界を治めるにしても、やっていることが道にかなっているかどうか、それだけが問題なのです。そのうえで一番大事なことは、「不貪」、むさぼらないということなのだ、ということです。繰り返しになりますが、「貪らない」ということは、へつらわない、「私」を入れない、ということです。

いま、ロシアや北朝鮮やらが、あとから、あとから、核兵器を飛ばしたりして、世界中でいろいろな問題が起きております。それが「正道」といえるか。みんな自分がかわいい。自分たちの都合。そればかりを感じます。まことに、残念だと思いますけれど。

たとへば、すつるたからを、しらぬ人にほどこさんがごとし。遠山《えんざん》の華《はな》を、如来に供《く》じ、前生《ぜんしょう》のたからを、衆生にほどこさん、

「すつるたから」、自分が要らない宝を、まったく知らない人にあげる。我われはとかく、この人にはあげたいけれど、あの人にはあげたくないとか、そこに「私」が入る。ところが、捨てるものを知らない人にあげるのならば、そこに「私」が入る余地はありません。「遠山《えんざん》の華《はな》を、如来に供《く》じ」。みなさんも高い山に登ったりして、美しく咲いている花を見ると、大変感動しますね。誰かに見せるため、なんてもんじゃない。誰も行かないような山のなかで、ひっそりと美しくただ咲いている花を見ると、非常に感動します。それが、「遠山の華」です。「遠山《えんざん》の華《はな》を、如来に供《くう》じ」となれば、どちらも無心の布施ですね。「前生《ぜんしょう》のたからを、衆生にほどこさん」。生まれる前の宝、そこにはもちろん、何の執着もありません。それをみなさんに施しても、「私」が入り込まない。

私がよくサインに引用する言葉に、こういうものがあります。

桃李不言　下自成蹊
（桃李言《かた》らず　下《した》おのずから蹊《みち》を成す）

これは、中国の古代の歴史を書いた『史記』に出てくる、李将軍を褒め称えた言葉ですね。李将軍は、慎み深く言葉少なく、まるで田舎者のようでしたが、将軍としてなすべきことを行い、誰からも信頼されて、その死にあたっては、天下の人がみな悲しんだといいます。桃も李《すもも》も、花も見事ですし、果実が熟せば甘い香りもする。桃や李が自ら宣伝するわけではない、無心に咲き、無心に実るだけです。しかし、その花を愛で、果実を求めて、人や動物が集まり、自然とその歩いた跡が蹊《みち》になっていく。そのように、徳のある人を慕って、自然と人が集まり、蹊《みち》ができる様をたとえているのですね。

人の見ている、いないにかかわらず

ここ尼僧堂では、除夜の鐘だけは一般の方に公開しておりまして、結構、大勢の方が撞きにいらっしゃいます。あるとき、鐘撞きに並んでいる人々のなかから、お父さんらしき人が列を離れて私のところに来て、こう言うんです。「実は、今日は中学生の娘に誘われて、家族でやって来ました。娘はここの前を通って中学校に通っています。夕方、門の前を通るとき、誰もいない境内で、雲水さんが、鐘を一つ撞いては、五体投地のお拝をしている。誰が見ている、見ていないにかかわらず、一所懸命、一つ撞いてはお拝をする。その姿に感動して、除夜の鐘は撞かせてもらえるそうだから、行きましょうよ、と、娘に誘われて来ました」という話を聞かせてもらいました。

誰が見ている、見ていないにかかわらず、自分のやるべき行《ぎょう》として、一つ撞いては礼拝する。中学生でも、そういう無所得行でやっている姿を、ちゃんと感じてくれる。そういう純粋な感受性を持っているんだなと、とても嬉しかったです。

その鐘楼堂の隣、写経塔のそばに、小さな句碑が建っていますね。これは種田山頭火《たねださんとうか》を世に出した大山澄太《おおやますみた》先生の句です。禅の集いの講師としてここにおみえになったとき、雲水が鐘を撞いている姿を、そこの書院の窓からご覧になっていたのでしょうね。こんな句を詠まれました。

一つ撞いては　ひれ伏したもう　その韻《いん》の中

無所得行の素晴らしさ、ということだと思うんです。なかなか、我われは、その無所得ができませんけれど。

尼僧堂境内に建つ大山澄太先生の歌碑
「一つ撞いては　ひれ伏したもう　その韻の中」

布施のしあいの世界

法におきても、物におきても、面面に布施に相応する功徳を本具せり。

私が、こうして喋らせていただくのも、みなさんが聞いてくださるのも、どちらも布施だ。お釈迦さまの説かれる「縁起」は、言い換えれば、布施のしあいの世界です。机には机の布施がある。チョークで書くことができるのは、チョークの布施で、黒板には黒板の布施がある。私どもがこうして、安心して地上におれるのも、地球の引力という布施のおかげ。「面々に布施に相応する功徳を本具」となれば、どれもこれも、それぞれの自分の授かりの力を持ち、それはそのまま、布施となる。

インドで人力車に乗ったときのことです。痩せたおじいさんが、私を座席に乗せて、裸で車を引いて走る。上り坂なんか気の毒になって、私が「降りましょうか」と言ったら、一緒にいた人に、「先生、乗ってあげてください。乗ってあげることが布施だから」と言われたことを覚えております。

縁起というのは、すべて布施です。この地球上の一切のものは、それぞれ布施しあっている、助け合っている。

小さなこの身体ひとつ考えても、大人の細胞はだいたいが三十七兆個だそうです。その三十七兆個が、一つひとつに命を持っていて、それぞれのはたらきを持っている。全部、違った配役を持っていて、それが一つになって、この身体をこうして生かしてくれている。すごいことです。

三十七兆個の細胞の布施をいただいて、こうして手を動かすこともできる。しゃべることもできる。食べることができる。食べたものが消化できる。消化したものを出すことができる。全部、その細胞のはたらきの布施をいただいているわけだ。さらにこの身体が、この地球上に住むことができる背景には、微生物から植物、動物とすべての布施をいただいているのです。さらには、太陽から無限のエネルギーを頂戴しているのです。

あるいは、地球から月という衛星船が出てくれたおかげで、地球は一日二十四時間の回転になったんだそうです。隕石の大衝突によって月が出来る前は、一日六時間の回転だったんだそうな。これでは、速すぎて、我われは住んでおれない。

というように、私どもは、まさに、宇宙いっぱいの布施を一身にいただいて、生きている。まことにすごいことです。天地いっぱいのすべてのお働きをいただいて、いま、お互いにそれぞれの命の営みがある。そうやって、この地上のすべてが、布施のしあいをしている。すごいことです。

良寛さんの有名な詩がありますね。

花無心招蝶
蝶無心尋花
花開時蝶来
蝶来時花開
吾亦不知人
人亦不知吾
不知従帝則

花　無心にして蝶を招き
蝶　無心にして花を尋ぬ
花　開く時、蝶来り
蝶　来る時、花開く
吾れも亦人を知らず
人も亦吾れを知らず
知らずして帝則《ていそく》に従う

この最後の、「知らずして帝則《ていそく》に従う」の一句は、中国の古い『詩経』に出てくる子どもの童謡なんだそうです。無心にして天地宇宙の法則に従う。蝶も花もすべてが、おのずからにして大調和を保っている姿ですね。

花が開き、蜜がおいしくなる頃、ミツバチや蝶が冬眠から覚めて、蜜をごちそうになりにくる。蜜をごちそうになりながら、花粉の媒介というお返しをする。布施のしあいですね。

くり返し言いますが、こうして皆さんが座っておれる。畳の布施だ。柱が柱であってくれることが布施だ。障子やらガラスやらがあって、風を防いでくれる。机のおかげで、書きものができる。紙は紙で、鉛筆は鉛筆で。全部それぞれの働きを持っている。それが全部、布施になるわけだ。我われは、そういう布施のただなかに生かさせてもらっている。もったいないことだと思います。

順縁、逆縁、ともにお育て

榎本栄一さんの詩に、「不捨《ふしゃ》」というのがありますね。

この不完全な私が

順縁　逆縁
あらゆる人びとから
お育てをいただく

「あらゆる人びと」ばかりじゃない。天地総力をあげての布施を頂戴して、お互いの日々の命の営みがある。この身体の三十七兆個の細胞からはじまって、この天地総力をあげての布施をいただいて、毎日の生活の営みがある。大変なことです。「順縁」「逆縁」ともに。そうですね、よいことばかりじゃないんです。このあとに、ここは「仏捨てたまわざる世界」とつづきます。よいことも悪いことも、どんなことも、「仏捨てたまわざる世界」。ありがたいことですね。

お互いさまに、一生のうちにはいろいろあります。非難されることもある。いやなこともある。私も、尼僧堂の改築のときには、堂長として若すぎるとか、愛知県に寺を持っていないよそものだとか、一部の方からだいぶ非難されたことがあります。

そのとき、卒業した教え子に寄付を頼みに行くと、その教え子がこう言いましたね。「先生、ご苦労が多いことでございましょうけれども、先生がご苦労することで、大きくなられますね。『善哉の甘みを出すには、砂糖ばかりではなく、塩が大事』といいますからね」と言われて、私は、頭が下がりました。教え子に教えてもらった思いでした。私をいろいろ非難する方も、そう言ってくれることで、塩の役をつとめてくださっているんだなと、それこそ、掌を合わせました。

どんなことも、いただきようで、全部布施になる。順縁、逆縁、ともにお育ていただく。どれもこれも布施だ。

ほんのわずかでも、まごころをこめて

我物《わがもの》にあらざれども、布施をさへざる道理あり。そのもののかろきをきらはず、その功の実なるべきなり。

「さへざる」というのは、「妨げない」ということです。「随喜の功徳」ということがありますが、人のやった良いことを、褒めたたえるということです。これは大事ですね。「そのもののかろきをきらはず」。内容の、重い・軽いではない。「その功の実なるべきなり」。

まごころがどれだけこもっているか、それが大事だ、というのですね。『典座教訓《てんぞきょうくん》』に、「多虚《たこ》は少実《しょうじつ》に如《し》かず」という、雲門の言葉が出てきますね。いくらたくさんでも、まごころがこもっていないものより、ほんのわずかでも、まごころがこもっていることのほうが大切だ、と。

その文章の前に、道元様が、「見ずや、漿水《しょうすい》の一鉢も。也《ま》た十号に供ずれば、自と老婆生前《しょうぜん》の妙功徳を得」と、示されています。このお言葉の背景にはこんなお話があります。お釈迦様がある老婆のところに托鉢にいらしたけれど、何も差し上げるものがない。見ると、お米のとぎ汁が残っていた。酸っぱくなったようなお米のとぎ汁だけれど、これしかない。インドでは、水は大変貴重ですから、遠くまで汲みに行って、わずかな水を一日大切に使います。酸っぱくなったようなとぎ汁ですが、これをお釈迦様に差し上げた。これを「漿水の一鉢」というのです。これを施したことで、この老婆は妙功徳を得た、といいます。

「長者の万灯より貧者の一灯」という話もありますが、要するに、量や値ではなく、それにどれだけのまごころが込められているかが、大事だというお示しです。「そのもののかろきをきらわず、その功の実なるべきなり」というのは、そういうことです。

山頭火が出してくれた茶碗一杯のご飯

先に大山澄太先生の「一つ撞いてはひれ伏したもう　その韻の中」の句を紹介しました。この澄太先生が世に紹介した種田山頭火は、皆さんご存知ですね。漂白放浪の自由律俳人です。この山頭火が荻原井泉水の句集『層雲』に投句している、それを澄太先生が読んで、この人に会ってみたいと思うのですが、どうも住まいが定まらないらしい。ところがあるとき、山口県の農家の廃屋に住み込んだらしいことがわかって、訪ねていく。十二月の寒いときだったようです。田んぼ道を行くと、すぐそれとわかる廃屋に、澄太先生は訪ねて行った。

山頭火が、それこそ、裸足で飛び降りてきて、「澄太君か、よく来てくれた。待っていたんだ」と。「ご飯を炊いて待っていたんだ。食べてくれたまえ」といって、挨拶もそこそこに、ご飯を盛って、畳の上に茶碗一つ、箸二本。それに、何やら佃煮らしきものが一つついた。「さあ、食べてくれたまえ」と言うから、「いただきます」と、熱々のご飯を口に入れて、何やらお惣菜を口に入れたら、唐辛子の佃煮だったそうな。熱いご飯と、唐辛

托鉢から戻ってくる修行僧たち

子の佃煮で、口の中が火事のようで、もう一杯、つけてもらった。

山頭火が黙って見ているから、「君も一緒に食べたらどうだ」と言ったら、「澄太君、ここには茶碗は一つしかないんだ。君が食べてくれたら、僕が食べるから、遠慮しないで食べてくれたまえ」と言う。それで、いただいて、「ごちそうさま」と箸を置いたら、山頭火がその茶碗とその箸を、そのまま洗いもせずに、ご飯をよそって美味しそうに食べたという。


食べ終わってから、「澄太君、ちょっと待っていてくれたまえ」と。どうするのかと思ったら、お米やら何やらを洗った水が取ってあって、そこで茶碗やら何やらを洗い、その水で縁側を拭き、さらにその水を、庭にいくらか野菜が作ってある、その野菜に、「今日はごちそうをやるぞ」とか言って水をやった。

その姿を見て澄太先生は、「杓底の一残水、流れを汲む千億人」という道元禅師の教え、一滴の水も命として大切にするという教えを、こういうかたちで山頭火が活かしていることを、目の当たりに見る思いをした、とおっしゃる。

そうして、山頭火と俳句の話やら、宗教の話やらして、夕方になり、澄太先生は近くに宿をとっていたので、その宿へ行こうとしたら、山頭火が「せっかく来てくれたんだから、泊まってくれたまえ」と言う。山頭火は、本当は寂しがりやなんですね。「それじゃあ」と、澄太先生は泊まることにした。

また遅くまで、文学やら宗教やらの話をして、いよいよ寝ようと思ったら、山頭火が、「しまった、君を泊めたけど、布団がなかったわい」と。「僕は、君が泊ってくれただけでうれしいから、僕は寝なくてもいいから、僕の布団に寝てくれたまえ」。そう言って出してくれたのが、托鉢でもらった子どもの夏布団だ。澄太先生という方は、身体が大きいんです。上に上げれば、足が出る。下へ下げれば、胸が出る。「山頭火さん、寒くて寝られないよ」と言うと。山頭火はおろおろしながら、押し入れから、風呂敷やら、タオルやら、いくら掛けても温かくならないものを持ってきて、ミノムシのようにこう掛けてくれた。最後には、重ければ暖かい気がするから、と言って、机までもその上に乗せてもらった。それで、酒の勢いもあって、澄太先生は寝てしまった。

ボロの廃屋で十二月、すきま風が入ってくる。朝方、矢のようなすきま風にふっと目を覚ました。山頭火さんはどうしているかな、と、机の下から首を回してみると、一番すきま風が入ってくるところに自分の背中を当てて、背中で風を防ぎながら坐禅をしている山頭火の姿があったというんですね。

澄太先生は思わず布団の中から、その山頭火を拝んだ。澄太先生が動いたのに気がついて、山頭火がすっと坐禅を解いて、「澄太君、寒くなかったか。大事な君に風邪でもひかせてはすまんからな」と。澄太先生は泣けて返事ができなかった。

この山頭火というのは、非常に純粋な人で、あの時代に、お釈迦様とまったく同じように、その日いただくだけの托鉢をするという生涯を送っていた。歳をとって托鉢ができなくなる日もあろうし、病気で托鉢のできない日もあろう。澄太先生は泣きながら、心の中で、生涯この人に自分の給料からいくらかを仕送りし続けようと覚悟をする。そして、山頭火が亡くなるまで送り続けるのです。

しかし、山頭火の没後『山頭火全集』を出版したその売り上げで、何倍か返してもらってしまいました、とおっしゃっていました。山頭火を世に紹介したのは澄太先生です。この全集を作るために、山頭火の日記を全部調べていて、澄太先生が初めて訪ねた日の日記が出てきたんですね。

「澄太君が来る。二、三日体の具合が悪くてしばらく托鉢に出ていない。どれ、托鉢に行ってこようか」と書いてあった。そして何時間か托鉢をしたら、「お米一升と、お金いくらかをいただけた。これで澄太君にご飯を炊いて待っていられる」と。ですから、あのと

永平寺境内に建つ山頭火句碑

きに出してもらった、ご飯一杯といくらかの唐辛子の佃煮は、具合が悪くて二日も三日も何も食べずに寝ていた山頭火が、空腹を抱えて起き上がり、自分のために托鉢をしてくれた、大変なご飯であったと、このときになってはじめて気づくんですね。

そんな話を澄太先生からそれこそ、涙ながらに聞かせてもらったことを覚えております。そのもの自身はご飯と佃煮だけであったけれども、具合が悪くて二、三日寝込んでいた山頭火が、空腹を抱えて一軒一軒訪ねて、わずかばかりのお米をいただいて、それを集めて炊いて待っていてくれた、まごころがたくさんこもった、大変なご馳走であったということですね。まさにそれこそ、無所得行の布施というんでしょうね。全身全霊をもっての布施といえる。だから、布施に大小はない。まごころがどれだけこもっているか、これが問題だろうと思います。見返りも求めない。そういう姿があるんでしょうね。

全部いただく、選り食いはせぬ

道《どう》を道にまかするとき、得道す。得道のときは、道、かならず道にまかせられゆくなり。財《ざい》の、たからにまかせらるるとき、財、かならず布施となるなり。自

を自にほどこし、他を他にほどこすなり。

「道を道にまかする」。まかせるということは、無条件降伏です。おまかせです。

忘れられない余語翠巌老師のお言葉があります。余語老師が晩年に山主となられた大雄山最乗寺は、有名なご祈祷の寺ですね。ご祈祷の中身を見ると、病気平癒とか、交通安全とか、家内安全とか、入試合格とか、人間の欲望の一覧表が出てきます。それに対して余語老師が、「小出しに頼まず、頼むなら、全部頼みなされ。全部頼むとは、全部おまかせじゃ。全部おまかせしたら、楽ですぞ」と、おっしゃった言葉を忘れませんね。

全部おまかせということは、どうなっても結構です、ということですね。なかなか、我われはそうはいかない。健康はいいけど、病気はかなわない。成功はいいけど、失敗はかなわない。だから、まかせきれない。全部おまかせということは、どうなっても結構ですと、「私」が死に切らなきゃできないことです。「私が」という思いがある限り、おまかせはできない。

私の弟子の一人が、住職としての盛大なお披露目にもなる晋山式を控え、お授戒のために老師様方をお招きしたり、行列のお稚児さんを頼んだりと、たくさんの準備をしました。

ところが、半年前になって癌が発見され、師匠である私がお医者さんに呼ばれました。「来年の三月が節目です」と言われたときに、その「節目」という言い方がピンとこなかったのですが、それが命の最期だという意味だったのですね。「三月に晋山式を予定しておりますが」と言ったら、「一月に繰り上げられませんか」とおっしゃるので、「それはちょっとできない」、と。

しかし結果的に、お授戒やお稚児さんは諦めざるをえませんでした。それでも、全部やめさせたら、それだけでがくっときてしまうだろうから、総代さんたちに特にお願いして、晋山式だけを小ぢんまりと行うことにいたしました。お医者さんの見立ての通り、一月はまだ調子がよかったのですが、そのあとどんどん悪化して、三月の晋山式にはもう入院し、病院から車椅子で寺に戻って、式に参列することになりました。病院のお医者さんや看護師さんが、何人か裏に控えて、というような状態でした。

門のところで法衣に着替えましたが、その衣が非常に重い、というんですね。身体が弱っているからでしょうね。それでも何とか、二時間、晋山式らしいことを行って、その最後に、問答がありました。その問答で修行仲間が、「この度の病気をどう思うか」と問いかけたんですね。よく問えたものだと思いましたが。すると、声をふりしぼるようにして一言、「全部いただく、選り食いはせぬ」、と。

これは澤木興道老師のお言葉で、前々から私も言っていたわけですが。たとえばですよ、私もあちこちに癌をいただきましたが、癌をいただいて、明日死ぬかもしれない。一週間先に死ぬかもしれない。その癌も、文句なしにいただきますと、頂戴できるか。それができなきゃ、先ほど言った、「おまかせ」にはならないわけだ。弟子はこの癌も、「全部いただく、選り食いはせぬ」と。その一言がすべてです。

それから一週間後に亡くなりましたね。声をふりしぼって、「全部いただく」と言ったときの言葉が、いまも心に残っております。私も、是か非か、いっぱい病気を頂戴して、この頃しみじみ思いますね。病気は医者にまかせ、命は仏様《ほとけさま》におまかせして、すべておまかせだ。いま、できるだけのことをさせてもらいましょう、と。ただ、それだけです。「道を道にまかするとき、得道す」と。「道を道にまかする」というのは、天地いっぱいのお働きにまかせてゆく姿ですね。『正法眼蔵』の「生死」の巻に、こうあります。

ただ、わが身をも心をも、はなちわすれて、仏のいへになげいれて、仏のかたよりおこなはれて、これにしたがひもてゆくとき、ちからをもいれず、こころをもついやさずして、生死をはなれ、仏となる。たれのひとか、こころにとどこほるべき。

そのように、おまかせする。まかせきる。自我の私が死にきって、道に、法についていく。なかなか難しいことですね。

「道を道にまかするとき」「財のたからにまかせらるるとき」。要するに、どちらも、そのものが、そのもののうえに落ち着くとき、布施が現成する、ということです。

負ける修行、ゆずる修行

「自を自にほどこし、他を他にほどこすなり」。これは、「私が、私が」という「自我」の私を死にきらせ、もうひとりの自分、「自己」にまかせる、ゆずる、ということです。道元禅師は、この「私」を、「自我」と「自己」に分けられましたね。「自己」というのは、仏様の目をいただいたもう一人の私、天地いっぱいの命に目覚めた、もう一人の私です。自分の欲望の満足を追い求める自我の私を死に切らせて、自己の私で生きる。これが、「自を自にほどこし、他を他にほどこす」のお心でしょう。

自己の私で生きることを、もう一つ言い換えれば、仏教では「大人《だいにん》」とよびます。「八《はち》大人覚《だいにんがく》」の「大人《だいにん》」ですね。私はよく、「大人《おとな》になる修行」として、「負ける修行」「ゆずる修行」ということを、書いています。他人に勝つことはできても、自分に勝つことはなかなかできないものです。けれども、大事なことは、自我が死にきる、「私が、私が」という自我を死にきらせ、自己で生きる、ということです。

相田みつをさんの「セトモノ」という詩に、

セトモノと
セトモノと
ぶつかりっこすると
すぐこわれちゃう
どっちか
やわらかければ
だいじょうぶ
やわらかいこころを

もちましょう

というのがあります。それに、私はもう一つ付け加えます。相手が「セトモノ」で、自分が「やわらかいこころ」だと思ったら、その心がセトモノの証拠だ。「私がセトモノだったな」と気づかせていただく心が、やわらかいこころだと。相田みつをさんはこの詩に、「そういうわたしは　いつもセトモノ」と書き添えていらっしゃいますが、そう気づけることが、やわらかいこころなのですね。

もう一つ、私がセトモノだったな、と気づかせていただくためには、明るい光に照らされなければ気づけない。

法然上人のお歌に、

松影の暗きは　月の光なり

というのがありますね。真っ暗闇では、松が立っていることも、松が黒い影をひいていることも見えない。光が薄ければ、影も薄い。光が明るくなるほどに、影が黒々と浮かぶ。

そのように、自分の中のセトモノに、自分の中にうごめくわが身かわいい思いに、気づかせていただけるのは、私を照らしてくださる光が明るい証拠です。

だから、学びが深くなるほどに、謙虚になるというのは、それですね。道元禅師が「現成公案」の巻でこうおっしゃっています。

身心に法いまだ参飽《さんぽう》せざるには、法すでにたれりとおぼゆ。法もし身心に充足すれば、ひとかたはたらずとおぼゆるなり。

何十年も前のことですが、二十八代立行司の木村庄之助さんと、東京・浅草寺主催の講演会で、ご一緒したことがあります。そのときの木村庄之助さんの一言が忘れられませんね。立行司の話だから、勝つ話かと思ったら、そうではない。「勝って騒がれるより、負けて騒がれる力士になれ」の一言を、結びでおっしゃいました。私は思わず膝を叩いて、この一言を頂戴して、次の講演の演台に上ったのを覚えています。勝ち負けを超えたところをにらんで生きる。これが大事ですね。自我の私が死にきらなかったら、負けることはできない。そういうことです。

アジサイと鐘楼堂

この布施の因縁力《いんねんりき》、とほく天上・人間までも通じ、証果の賢《けん》・聖《しょう》までも通ずるなり。そのゆえは、布施の、能受となりて、すでに縁をむすぶがゆえに。

「証果の賢・聖」というのは、仏果を証得した方々です。「布施の、能受となりて」という、「能」は布施をするほう、「受」は布施を受けるほう。「すでに縁をむすぶがゆえに」いかなる一句も、縁を結んでいくわけです。

お釈迦様の教えが、三千年という時を隔てて、いま、世界中に広がっている。そのことが真実ならば、時とところを超えて伝えられていく。布施の能受となって、縁を結んでいる。

私どもは、どういっためぐりあわせか、お釈迦様の素晴らしい教えを頂戴いたしました。法孫に連なる私どもは、これを勝縁として、どう頑張らせていただくか、ですね。

明日の世界を救う宗教があるとすれば、仏教なんだ、と、ドイツの理論物理学者であるアインシュタインをしていわせている、その仏教を背負う私どもが、いま、どうするか。その責任を、自らに、真剣に問うていかなければならないと、そう思うんですね。

三　布施（後）

あなたがそこに、ただいるだけで

ほとけののたまはく、布施する人の衆会《しゅえ》のなかにきたるときは、まづその人を、諸人《しょにん》、のぞみみる。

いいですね。その人がいるというだけで、周りが楽しくなる。その人がいるというだけで、心が安らかになる。そういう人がいるものですね。

良寛さんは、托鉢の途中にたまたま立ち寄った家で、囲炉裏端で家族と一緒にお茶を飲んでいかれた。ただ、それだけで、二、三日中は家族中がほかほかと安らかだったという。

そういうような姿でしょうね。

その人の顔を見ただけで、腹が立つ。その人がいるだけで、周りが暗くなる。そういう人も、ときにはあるものでございます。

相田みつをさんの作品に、そういう心をうたった「ただいるだけで」という詩がありましたね。

あなたがそこに
ただいるだけで
その場の空気が
あかるくなる

あなたがそこに
ただいるだけで
みんなのこころが
やすらぐ

そんな
あなたにわたしも
なりたい

何か特別なおしゃべりをするわけじゃない。そこにいるというだけで、みんなが安らかになる。お互いさま、そんなあり方ができたらいいですね。

お釈迦様の常随侍者の阿難尊者のことを、「五天竺国皆慶喜」とたたえた言葉があります。「五天竺」というのは、インドは昔、東西南北と真ん中と、五つに分かれていました。要するに、「五天竺」とは、全インドということです。全インドの人が阿難様を見ることを、慶喜、喜びとしたという。アーナンダというのは、「よろこび」という意味なんだそうです。そんなふうにあるといいですね。

人間ばかりじゃなくて、動物も、植物も、水さえも、そういうものをちゃんと感じ取るらしいですね。それこそ、動物をかわいがる人を、動物はよく知っている。

有名なお話がありますね。提婆達多《だいばだった》がお釈迦様を殺そうと企み、お釈迦様が逃げ場のない道に歩いてきたところに、狂象をおっ放した。ところが、その象さんは、お釈迦様の前へ行くと、ひざまずいてお釈迦様の足の埃を払った、と。そういう逸話が残っておりますね。動物は、自分をかわいがってくれる人か、敵対視する人かは、よくわかるものらしいですね。

やはり、似たような話があります。徳川家光《とくがわいえみつ》のところに虎が贈られてきた。そうしたら、家光が虎と柳生但馬守《やぎゅうたじまのかみ》とを対決させたそうな。柳生但馬守は剣を持って虎に立ち向かった。虎も必死に立ち向かったけれど、柳生但馬守の方に隙がなかったからでしょうね。虎の方が追いつめられて、ふっと眼を逸らしたんだそうな。その瞬間に柳生但馬守は脂汗びっしょりになって、その場を去った。

入れ替わりに、今度は沢庵禅師が入った。沢庵禅師はまったく手ぶらで入っていったら、虎は猫がすり寄るようにそばに寄ってきた。そして、沢庵禅師の足元にコロリと横になって、喉をゴロゴロならして撫でられていたのだそうな。

そんな逸話が残っているけれど、動物たちも、かわいがってくれる人をよく知っているものでございます。

皆さんもご存知だと思いますが、江本勝《えもとまさる》という人が『水からの伝言』という本を書いておりますね。透明な二つの器に同じ水を分けて入れておいて、片方の水には「バカヤロー」とか、罵倒の言葉をかける。片方には「ありがとう」と優しい言葉をかける。それを繰り返したのちに、この水の結晶を観察してみると、罵倒の声をかけた水は、非常に乱れた、壊れたような結晶体をつくり、優しい言葉をかけたほうの水は、非常に整った美しい結晶体を見せた、というんです。さらには、『水からの伝言』の表紙を飾っている一番美しい結晶体は、お経の声をきかせた水だというのです。恐ろしいですね。この話をきいたときに、私は思いました。私のお経を聞いた水はどういう結晶体を見せるかな、と。大変はずかしい思いをしたことです。

植物も、こういうことを感じとっていますね。お琴の名人の、宮城道雄《みやぎみちお》さんが、新しくできてきた琴を弾いたそうです。弾いてから、この宮城道雄さんがおっしゃいました。「この琴の台になっている桐がどこで育ったか、調べてくれ。多分、お寺の境内で育った桐じゃないかと思うけれども」と。調べたら、やっぱりお寺の境内で育った桐でした。毎朝毎晩、お経の声や鐘の声を聞いて育った桐は、何かが違うんでしょうかね。それを聞き分ける宮城道雄さんも、さすがだと思います。眼が不自由な方というのは、非常に聞く耳は鋭いですからね。そういう意味で、水や植物さえも、どういう声を聞いたか、どういう環境で育ったかで、まったく違ってくる。恐ろしいことです。

もう一つご紹介しておきたいお話があります。フルートの演奏者で音楽療法もやっておられる、浅川由美さんから聞いたお話です。「引きこもりとか、不登校とか、そういう子どもたちの、子どもを叱るときの母親の声を分析すると、サルの軍団の親分が、自分の仲間たちに危険信号を発するときの波長と同じだ」というんですね。だから、子どもたちはそのお母さんの声を聞くほどに、心が委縮してしまう。ますます、登校拒否を起こしたり、引きこもりになってしまったりする、というのです。人間の子どもたちも、お母さんの声の波長を、言葉の中身以上に、非常に敏感に感じ取っているということですね。

かつてお茶の生徒が私に言いました。「先生は、お花を活けている時と、赤ん坊を抱いている時が、一番いい顔ですね」と。「花も赤ん坊も無心だからね」と答えました。私どもは天地いっぱいから、無心の布施をいただいているわけです。花も、赤ん坊も、動物も、みんな無心無垢です。

一句の布施、一草の布施

しるべし、ひそかにそのこころの通ずるなり、と。しかあればすなはち、一句・一偈の法をも布施すべし、此生他生《ししょうたしょう》の善種となる。一銭《いっせん》・一草《いっそう》の財《たから》をも布施すべし、此世多世《しせたせ》の善根《ぜんごん》をきざす。法もたからなるべし、財《たから》も法なるべし。願《がん》楽《ぎょう》によるべきなり。

「ひそかにそのこころの通ずるなり」。この「ひそかに」というのは、親密に、という意味です。無我なる心が親密にその人に伝わっていくということです。

たとえば、「ほとけとは『御眼《おんめ》なり』」という言葉があります。「慈眼視衆生　福聚海無量」といいましょう。その人の目を見ただけで、安らぎをいただく。その人の顔を見ただけで、喜びをいただく。和顔施、慈眼施ですね。あるいは、悩みを聞いて差し上げる、聞施。これが大事ですね。「仏とは御耳《おんみみ》なり」。仏像の耳は非常に大きくできています。人々の悩みを全部聞き取ってくださる。人生相談のほとんどは、聞いて差し上げれば、それで済みます。

「しかあればすなはち、一句・一偈の法をも布施すべし、此生他生《ししょうたしょう》の善種となる」。この「一句・一偈の法」、これは財施に対して法施です。皆さんも人生の今日までの間で、自分の人生の指針として、忘れられない一句がいくつかあると思います。

私の場合、五歳のときに、叔母である師匠が、「仏の手のマル」という話をしてくれました。私の寺は元、浄土宗でしたから、本尊様は阿弥陀様です。阿弥陀様は両方の御手とものにマルの形の印を結んでいらっしゃいます。

「仏さまは、いつでも見守っていてくださるんだよ。もし誰も見ていないと思って悪いことをすると、あの手のマルが三角になるんだよ」と。

この時に師匠が教えてくれた、「仏さまがいつも見守っていてくださる」ということ、そして、「仏さまがマルとおっしゃる生き方をしなされ」という、この一言。これが、私の五歳のときにいただいた、最初の法施です。

十五歳で頭を剃って、最初に澤木老師にお目にかかったとき、「宗教とは生活の全分を仏さまに引っぱられてゆくということじゃ」という一句をいただきました。そして、「あ、あのとき師匠が言っていた、仏さまの手のマルとはこのことであったな。五歳の子供にわかるように説いてくださって、ありがたかったな」と、思ったことです。この一句もまさに法施でしたね。九十歳の今日まで、多くの方々から、沢山の法施をいただきました。

「此生他生《ししょうたしょう》の善種となる」という、この「此生他生」の「他」の字は、原本によっては「多」と書いてあるものもあるようです。この「此生他生の善種」とは、今生ばかりでなく、次の生の善き種となる。あるいは、人に伝えることによって、次の人、次の世代の人生の、善き因となる、ということです。

「一句・一偈」、これは法施です。「一銭・一草」となると、財施でしょうね。「法もたからなるべし、財も法なるべし」と。財やものを施すのも、教えを施すのも、一つの姿の展開であるというわけです。

「願楽《がんぎょう》によるべきなり」、願楽とは、誓願ですね。一つのことが、誓願か煩悩かを分かつのは、そこに私《わたくし》が入るか、入らないかです。聖行のように見えても、そこに私が入ると煩悩になる。同じ布施をしていても、名誉のための布施というように、私が入ると煩悩になる。本当の布施ではない。布施のことを「喜捨」といいますが、お布施をするというのは、欲が入ってはいけません。

「願楽」の「楽」はギョウと読みます。ガクと読んだら音楽ですね。ラクと読めば安楽のラク。ギョウと読むのは、願うという意味です。「八大人覚」にも、「楽寂静《ぎょうじゃくじょう》」というのがありますね。寂静を願う、ということです。一つのこと、一つのものを布施にするかしないかは、願いに、誓願によるということですね。

見返りを待たない布施

まことにすなはち、ひげをほどこしては、もののこころをととのへ、いさごを供《く》じては、王位をうるなり。ただかれが報謝をむさぼらず、みづからがちからをわかつなり。

これは唐の太宗のお話ですね。唐の太宗は非常に理想的な政治をした人で、この太宗の時代が貞観《じょうがん》です。ちょうど玄奘三蔵が同時代に生きています。この貞観の時代の理想的な政治のあり方を記録したものが、『貞観政要』です。

日本でも平安から鎌倉時代、為政者たちは皆、大事なテキストとして読んでいました。道元様も藤原摂関家の家柄ですから、おそらく小さいときから、諳んずるほどに読んでおられたであろうと思います。道元様の書かれたものには、この『貞観政要』からとったお話がしばしば出てまいります。

玄奘三蔵は道を求めてインド来訪を願い、何度も太宗にインド行きの許可を願い出るのですが、お許しが出ない。当時インドへ行くのは命がけなわけで、玄奘三蔵の命を惜しみ、太宗はなかなか許可を出さなかったのです。そこで、玄奘三蔵は密出国します。そして十数年間ナーランダで勉強をして帰ってきますね。たくさんの梵語の本を持って帰ってきます。行きは密出国でしたが、これを咎めず、太宗は帰国の許可を出しました。そして太宗は、玄奘三蔵が命がけの求道の末に帰ってきたことを大変ほめたたえて、還俗して自分の側近になってほしいと、何度も頼むんですね。しかし玄奘三蔵は、ようやく持ち帰ってきたたくさんの梵本を翻訳したいからと、毅然として太宗の申し出を断ります。太宗は、それならば、あちこちの国を見てきた見聞録を書いてくれ、と頼まれます。ご自分の政治の参考にしたいと思われたのでしょうね。それを請けて玄奘三蔵がお書きになったのが、『大唐西域記』という有名な本になるわけです。

その唐の太宗は、立派な鬚を持っていたのだそうです。あるとき大臣の李勣《りせき》というのが重病にかかった。すると医者が、鬚を焼いてその灰を薬として飲みなさい、と言った。それを聞いて、太宗はご自分の立派な鬚を切り、大臣に渡したのだといいます。この李勣という大臣は、実は内心で謀反の心を抱いていたんだそうです。しかし、太宗が自慢の鬚を、自分の病気を治すためにくださったので、無二の重臣となった、という逸話が伝えられています。

「まことにすなはち、ひげをほどこしては、もののこころをととのへ」とは、そういうことですね。

「いさごを供じては王位をうるなり」というのは、阿育王の前生譚に出てくる話です。

お釈迦様のご在世当時のこと。お釈迦様が托鉢に歩いておられた。子どもたちが砂遊びをしていた。砂遊びをしていた一人の子どもが、砂で作ったお団子をお釈迦様に差し上げた。お母さんたちがご供養にお団子を作っている姿を見ていたからでしょうね。お釈迦様はその砂団子を持って帰り、祇園精舎の壁に塗り込んだ。そしてその子どもは、お釈迦様に砂団子を供養したご縁で、後世の阿育王となった。というのが、『阿育王経』に前生譚として出てくるお話です。

「ただかれが報謝をむさぼらず、みずからがちからをわかつなり」。これらの話に通ずることは、見返りを待たない、ということですね。

生きざますべてが布施となるような生き方を

舟をおき、橋をわたすも、布施の檀度《だんど》なり。もしよく布施を学するときは、受身・捨身ともにこれ布施なり、治生産業《ちしょうさんぎょう》もとより布施にあらざる事《こと》なし。

私などは、あちこち歩きますけれど、電車に乗りましても、どこに行くにしても、みんなのおかげで、みんなの助けを借りて動いています。信州の自坊との往復も、三十代で尼僧堂の講師になりましてから、もう六十年近くなりますか、少なくとも月に三度はしなの号で往復しています。若いころは日帰りで往復もしたものです。この頃は、一人で動けばいいのですが、行者もついてきて、駅員さんの手伝いを借りて、向こうに着いたら車で迎えが来て、さんざん世話になってあちこち動いています。駅も、線路も、道路も、橋も、すべて布施です。

朝から晩まで、みんなの布施を頂戴して生活しています。まことにその通りですね。

この「檀度」の「檀」は、檀那（ダーナ）、梵語で布施のことですね。「度」はパーラミター、漢訳して「度」、渡すという意味です。ですから、たとえば「檀波羅蜜」といったら、「ダーナ・パーラミター」、これは全部梵語です。これに対して「壇度」といえば、この波羅蜜のほうを漢訳した「度」で表す。こういう熟語の構成を、「梵漢兼挙《ぼんかんけんこ》」といいます。

この「檀」という字は、いまも「檀那様」、「檀那寺」、「檀家」とかいう言葉で使われていますね。檀那寺は人々に法を施す法施の場所です。檀家はそれに対して、財施をお返しする人々です。

その法施のなかには、方丈さん（住職）が門をくぐってくださっただけで、安らぎをいただく、そういう法施もあるわけです。もちろん、言葉を通し、一句・一偈の法施も大事ですけどね。

「受身・捨身ともにこれ布施なり」。この「受身・捨身」というのは、生老病死です。生まれてくる、受身。最後死んでいく、捨身。生老病死の人生そのものをいいます。一生を「生老病死」という一句で簡単に言いますけれど、いろいろありますね、一生のうちには。その人の人生そのものが布施になるような生き方をする。毎日の生活から、死にいたるまで、その人の生きざまのすべてが布施になるような生き方をする。なかなか、難しいことです。

お互いさまに、自分の尊敬する方々の姿、生きざまを見ます。私なども、師匠やら自分の母やら、あるいは身近に師として仰いだ澤木老師とか内山老師とか、余語老師とか多くの方々の、一生の生きざまそのものを布施としていただいております。

澤木老師がよく、「親方は行き倒れ、その子孫が贅沢をしては、あいすまない」とおっしゃって、一生涯「宿なし」の人生を送られました。

お釈迦様は八十年の生涯を一歩一歩、人々のなかに歩かれた。法を説かれた。人びとの悲しみに耳を傾けられた。そしてその旅の途上で、最期を迎えられた。それを澤木老師は「親方は行き倒れ」とおっしゃいます。親方がそういう人生を送っているのに、そのお釈迦様の教えをいただいている子孫の我われが贅沢をしては、あいすまない。そうおっしゃって、まさにお釈迦様の生きざまを、「生き見本」として、ご自分はとうとう生涯、宿なしで過ごされたのです。
その人の生きざまそのものが布施になるような生き方、いろいろな生老病死の姿のなかで、その生きざまが我われの生き見本になるような生き方ができたらいいですね。

はなを風にまかせ、鳥をときにまかするも、布施の功業《くごう》なるべし。

「はなを風にまかせ、鳥をときにまかする」。道元様の美しい表現ですね。たとえば、春風に誘われて桜などは咲き、また散る。あるいは、秋風の吹くままに、いろいろな葉っぱが散って大地に還ってゆく。あるいは、「鳥をときにまかする」というのは、時の流れにまかせる。鶯《うぐいす》は春の訪れを告げる、別名「春告鳥」といいますね。不如帰《ほととぎす》は夏の訪れを告げる。あるいは、蜩《ひぐらし》が夕暮れを告げる。雁金《かりがね》は秋の訪れを告げる。というように、鳥や虫の声が、季節や時の訪れを告げる。「まかせる」というのは、天地の営みのままにに随って生きる、それがそのまま布施だというのですね。天地の働きの姿、花の姿、鳥の姿もそのままに、布施の姿だというのです。

79　三　布施（後）

阿育《あいく》大王の半菴羅果《はんあんらか》、よく数百の僧に供養せし、広大の供養なりと証明《しょうみょう》する道理、よくよく能受の人も学すべし。

阿育大王というのはマウリア王朝の王様で、お釈迦様から二百年ほど後の方ですね。この阿育王は、あちこちに阿育王碑を建てたり、沢山のお寺を建てたりと、非常に仏教の弘通に努められました。

あまりにお金を使いすぎて、晩年は禁治産者になってしまい、何も自分の自由にはできなくなってしまいました。それで、自分の食卓にのぼった半分のマンゴー、半菴羅果を食べずに、尊敬申し上げている優婆毱多《うばきくた》尊者にご供養申し上げました。その半分のマンゴーの汁を絞り込んで、たくさんのお坊さんに供養したという物語が伝えられています。要するに、「多虚は少実に如かず」で、布施は量ではなく、どれだけのまごころがこめられているかということが、大事なことでありましょう。

自らに授かっている布施の力

身力《しんりき》をはげますのみにあらず、便宜《べんぎ》をすごさざるべし。まことに、みづからに布施の功徳の本具なるゆえに、いまのみづからは、えたるなり。

ここは、順番を反対に読むといいですね。「まことに、みづからに布施の功徳の本具なるゆえに、いまのみづからは、えたるなり」を先に読みます。「布施の功徳」というのは、働きです。私自身が、布施をすることができる功徳をはじめから授かっている。身口意の三業を通し、全身心をあげて布施をさせていただく働きを、最初からいただいている。だから、「身力をはげますのみにあらず、便宜をすごさざるべし」。精一杯、全身心をあげて、努力をして、「便宜」、あらゆる機会をつかんで、布施という働きをつとめさせていただきなさい、ということです。

それから「みづから」という言葉が出てまいりますね。「面々に布施に相応する功徳を本具せり」と、前に出てまいりました。全部が布施の力を持っていると、目が外に向きますね。この場所でいえば、机の布施もある、柱の布施もある。皆さんが聞いていただくのも布施、しゃべるほうも布施。畳の布施から、屋根の布施から、緑の草木の布施から、全部の布施。全部が布施に相応する働きを持っている、と、まずは目が外に向く。そうじゃないんだ。私自身、自分自身も布施の働きを持っているんだぞ、と、自分のほうに目を向けます。

「みづからに布施の功徳の本具なる」というところで、二つのいただき方をしたいと思います。

まずは、この身体自体の布施を私がいただいています。私どもは三十七兆個の細胞からできているそうですが、この三十七兆個がそれぞれの働きをして、私を生かしてくれている。これは三十七兆個の布施です。あるいは、私がこうして、見ることができる、喋ることができる、これは目の布施、口の布施です。こうして手足を動かすことができる。手の布施、足の布施です。あるいは食べたものが胃を通って腸に行く。我われのお腹の中には何キロという微生物が働いていて、この微生物が食べたものを消化してくれる。これは微生物の布施、働きです。それが栄養となって、この身体を守ってくれている。全部これも布施ですね。このように身体全部の各器官が、それぞれに働きながら私を生かしてくれている。三十七兆個の細胞が総力をあげて、私を生かす働きをしてくれている。「みづからに布施の功徳の本具」ということの一つは、そういう受け止めをしたいです。

それからもう一つは、天地総力をあげての布施をいただいて生きているということです。

太陽の布施、空気の布施から始まって、天地総力をあげての布施をいただいて生きている。それのお返しとして、自分のできるだけの働き、全身心をあげて、天地いっぱいにお返しさせていただく。

「いまのみずからは、えたるなり」というのは、布施の働きをいただいているということですよ。この身体自身が布施の働きをいただき、そしてその身体でまた天地いっぱいにお返しをする布施の働きをいただいているんだぞ、ということです。

「便宜をすごさざるべし」。あらゆるときを逃さずに、お返しとして布施のはたらきをさせてもらいなさい。いつもにこにこしている。「大丈夫だよ」と愛の一言を言う。このように、あらゆる機会をつかんで、お返しとして布施をさせていただきましょうじゃないか、ということですね。

もう一人の私に気づく

ほとけののたまはく、於テモ二其自身ニ一、尚オ可シ二受用ス一、何《いか》ニ況ンヤ能ク与エンヲヤ二父母妻子ニ一。

しかあればしりぬ、みづからもちいるも、布施の一分なり、父母・妻子にあたふるも、布施なるべし。もし、よく布施に一塵を捨《しゃ》せんときは、みづからが所作《しょさ》なりといふとも、しづかに随喜《ずいき》すべきなり。諸仏のひとつの功徳を、すでに正伝しつくれるゆえに。菩薩の一法を、はじめて修行するがゆえに。

「しかあればしりぬ、みづからもちいるも、布施の一分なり、父母・妻子にあたふるも、布施なるべし」。この「布施の一分」というところ、これは前にもお話してきたように、「一分」というのは「全分」なんですよね。

ここもですね、「諸仏のひとつの功徳を、すでに正伝しつくれるゆえに、菩薩の一法を、はじめて修行するがゆえに」を先に読んで、「もし、よく布施に一塵を捨《しゃ》せんときは、みづからが所作《しょさ》なりといふとも、しづかに随喜《ずいき》すべきなり」と、順番をかえて読むとわかりよいと思います。

「諸仏のひとつの功徳」の、この「諸仏」ということを、他人ごとのように思ってはいけません。「もう一人の私」といただきましょう。気まぐれな私ではなくて、天地宇宙の真理に目覚めたもう一人の私。これが「諸仏」です。この「もう一人の私」の働きを、「すでに正伝しつくれる」、この「正伝」ですが、いいですか、「気づく」ということですよ。

達磨大師の『一心戒文』に、

授とは伝なり
伝とは覚なり
仏心を覚するを真の授戒となす

とあるように、伝とは覚、「気づく」ということです。授戒といっても、何かやりとりすることではない、はじめから備わっている仏心、本具の仏心に気づくということです。僧侶である皆さんが、お師匠様の法を受け継ぎ、嗣法なさる。三物を書いたり、お袈裟やら何やらをもらったり、そういう嗣法の作法があるわけですけれども。しかし、本当の嗣法というのは、すでに備わっている本具の仏心に気づくということです。やったり、もらったりすることではないんです。

はじめから授かっている素晴らしい働きに気づいたとき、法を相続したといえます。だから、ここで「諸仏のひとつの功徳をすでに正伝しつくれるゆえに」と、「正伝」という言葉が書いてありますけれど、特別にものを伝えるのではない、天地宇宙の真理に目覚めた、もう一人の私に気づくということです。そして、御恩返しとして、天地いっぱいに布施として返させていただく。「菩薩の一法を、はじめて修行するがゆえに」とは、そういうことです。

「もし、よく布施に一塵を捨《しゃ》せんときは、みづからが所作《しょさ》なりといふとも、しづかに随喜《ずいき》すべきなり」。いいですね。そういうことをさせていただくことができる自分を、自分の行為であろうとも、よろこばせてもらいなさい、というわけです。「しづかに」と、大騒ぎするのではない。心に、ひそかに喜ばせていただきなさい、ということです。

天地いっぱいの仏の命に目覚めることができた私のことを、わかりやすく、「もう一人の私」という表現をするといいと思います。私どもの修行というのは、このもう一人の私に目覚めて、育てる。そこにあるんじゃないかと思います。

中原中也《なかはらちゅうや》の代表作に、『汚れつちまつた悲しみに』という詩がありますね。

汚れつちまつた悲しみに
今日も小雪の降りかかる

汚れつちまつた悲しみに
今日も風さへ吹きすぎる

この汚れてしまった自分に気づく中原中也は、汚れていません。唯識の太田久紀先生が、汚れが汚れと知るためには、汚れていないものがなければならない、汚れを汚れと気づく私は汚れていない、とおっしゃいました。

まことにその通りですね。というわけで、もう一人の私をどう育てるか。ああしたい、こうしたいというわがままな自我。もう一人の私が育つことで、これを調御していく。「菩薩の」としきりにでてくるのは、このもう一人の私と捉えましょう。

仏の十の異名である「如来十号」のなかに、「調御丈夫」というのがありますね。「如来、応供、正遍知、明行足、善逝、世間解、無上士、調御丈夫、天人師、仏世尊」。わがままな自我の私を、いかに調御していくか、これが「調御丈夫」の条件ですね。

気まま、わがままな、「ああしたい」、「こうしたい」ばかりの自我の私を、どう見事に調御していくか。それは、もう一人の私を育てることによって調御していくわけです。教えに導かれて、もう一人の私を目覚めさせ、育てる。そうすることによって、わがままな自我の私を、どう見事に手綱さばきしていくか。それができる人を、大人《おとな》、大人《だいにん》と呼ぶ。仏教は大人になる宗教といわれるのは、そういうわけですね。

方便からはじめて得道にいたるまでも

転じがたきは衆生のこころなり、一財をきざして衆生の心地を転じはじむるより、得道にいたるまでも転ぜんとおもふなり。そのはじめ、かならず布施をもてすべきなり。

この「得道にいたるまでも」と、ここが大事ですね。たとえば、千手観音とか、十一面観音とか、三十三観音とか、そういう表現で何を伝えようとしているのか。あらゆる手段を、方便を講じて、私どもを救おうとしている観音様の姿です。三十三とか、千とかいうのは、数字ではありません。無限大ということです。百人に百人の姿を取って相手を救おう、というように、限りない方便門で救いあげていこうという姿です。

一つの例話をご紹介しましょう。お釈迦様の腹違いの弟に、難陀《なんだ》尊者というのがいましたね。

ご存知のように、お釈迦様のお母様である摩耶夫人《まやぶにん》は、お釈迦様を生んで一週間で亡くなります。そのすぐあとへ、妹の摩訶波闍波提《まかはじゃはだい》様が入内して、お釈迦様をお育てくださいました。この摩訶波闍波提と浄飯王《じょうぼんのう》とのあいだにできた子どもが、難陀尊者です。ですから、そのままいけば難陀尊者は、釈迦国の王様になっていたことでしょう。

この難陀《なんだ》が、ソンダリという奥さまを迎えて、新婚早々のところへ、お釈迦様が托鉢に行かれる。「難陀の出家の時が来た」と思われて。他の托鉢僧なら別ですが、お兄さんであるお釈迦様が托鉢に来られたのですから、出ないわけにはいかない。ご存知の通り、インドの托鉢は直接、鉢に食べ物をご供養するわけですから、お釈迦様の応量器をお借りして、台所で食べ物を応量器に盛り、持って行こうとする。そのとき、新婦のソンダリが何か直感したのですね。「あなた、行ってはいけません。」と、難陀の袖を引っ張る。ちょうど難陀はソンダリのお化粧の手伝いをしている最中でした。「お前の化粧の乾かないうちに帰るよ」と言って、応量器を持って門のところへ出ていく。

ところが、お釈迦様はある心づもりがあったので、応量器を難陀に預けたまま、さっさと帰ってしまわれたのですね。そこへ常随侍者の阿難《あなん》尊者が来たのでお釈迦様の応量器を預けてお返しいただこうと思ったら、阿難尊者も心得ていて、「ご自分でお持ちください」と言う。そこで難陀は、お釈迦様の応量器を持って、お釈迦様を追いかける。追いかけても追いつかず、とうとう祇園精舎にまで入っていってしまう。

そうすると、お釈迦様が「おお、難陀。おまえも出家したいのか」と。「いえ、あの、その……」と、お釈迦様の威厳の前に、言いたいことも言えぬままに、頭を剃られてしまいます。

一日経って翌日、全員が托鉢に出ます。お釈迦様は難陀に留守番を仰せつけました。掃除をして、門を閉めて、ちゃんと留守番をするようにいいつけて、全員出かけられる。難陀はこの機会に家へ逃げて帰ろうと思い、急いで掃除を済ませ、門を閉じて、帰ろうとします。

ところが門が閉まらない。こちらを閉めると、あちらが開く。こんなことをしていて、お釈迦様が帰ってきたらいけない。表の門から出ると出くわしてしまうだろうからと、裏の門から逃げ出すと、間が悪くお釈迦様は裏の門から帰って来られました。

慌てて木の陰に隠れたものの、風で法衣が幹から見え隠れし、お釈迦様に見つかってしまいます。お釈迦様は難陀に、「おまえ、なぜここにいるのだ」とお尋ねになる。難陀は

「ソンダリが恋しくて……」と答える。お釈迦様は「そうか、おまえ、香酔山《こうすいせん》を見たことがあるか」とおっしゃる。「ありません」と難陀は答えます。

お釈迦様の神通力で、次の瞬間目を開けると、難陀は香酔山にいます。一本の木の下に、いかにもみっともないメス猿が座っています。「あの猿とおまえのソンダリと比べたら、どうか」とお釈迦様は云われる。「とんでもない。この猿と比べたら、ソンダリは天女のように美しいです」と答える。「そうか、おまえ、天女というけれど、天女を見たことはあるか」と尋ねられる。「ありません」と難陀は答える。

すると次の瞬間には、三十三天に連れていかれています。そこには、絶世の美人の天女たちが、それぞれみな誰か相手があって楽しんでいます。けれど、一人の天女が誰かを待ち顔にしている。気になって難陀が、「お釈迦様、あの絶世の美人の天女が、誰やら待っている顔をしていますが、誰を待っているのでしょうか」と尋ねる。「おまえ、行って訊いてきなさい」とお釈迦様はおっしゃる。そこで難陀は天女のもとに行って、「あなたはどなたを待っているのですか」と尋ねる。すると美しい天女は、「今、難陀という方がお釈迦様のお弟子になって修行しています。その修行の功徳によってやがてここに生まれることになっているので、いまからお待ち申し上げているのです」という。難陀は嬉しくなってしまい、そうお釈迦様に申し上げます。お釈迦様は、「そうか、その天女は新妻のソンダリと比べてどうか」と尋ねます。「とんでもない。天女の美しさに比べたら、ソンダリはあの醜い猿のようなものです」と答えます。「どうだ、修行をしたらあの天女と一緒になれるのだぞ」と、お釈迦様はおっしゃいます。

そこで、難陀はソンダリのことはすっかり忘れてしまって、一生懸命修行を始めるんです。お釈迦様はほかのお弟子さんたちに、「難陀は天上に生まれて、天女と一緒になりたいという目的のために修行をしている。おまえたちは、難陀と一緒に修行してはいけない」と告げられる。だから、難陀が来ると皆どこかへ去って行ってしまう。

難陀が今度は悩むんですね。どうして、皆は私を避けるんだろうと。それで、阿難尊者は従弟だから、自分を避けないだろうと思って傍へ行くと、阿難陀も避けて行ってしまう。それで、「ちょっと待ってくれよ。どうして皆、私を避けるんだ」と聞くんですね。そうすると、阿難陀が言うんです。「私たちの修行は、何かを得るための、有所得の修行じゃない。無所得の修行だ。あなたがいましているのは、天女と一緒になりたいという、有所得の修行だ。だから、一緒にはできないのです」と。

そこで難陀はまた非常に悩み、お釈迦様に相談をします。そうすると、お釈迦様が、

「おまえ、地獄を見たことはあるのか」とおっしゃいます。「ありません」と、難陀は答えます。

次の瞬間、今度は地獄にいます。地獄には釜がいっぱいあって、どの釜も罪人でいっぱいだけれど、一つの釜だけが空いていて、獄卒が誰かを待っているような顔をしている。それで、また難陀は気になってお釈迦様に尋ねる。「あの獄卒は誰を待っているのですか」。「おまえ、行って訊いてきなさい」。

そこで、おそるおそる、獄卒の元へ行き、尋ねる。「あなたは、誰を待っているのですか」。すると獄卒は答える。「今、難陀というお釈迦様の弟子が、天上界に行くための有所得の修行をしている。修行を一応してはいるから、一度は天上界に生まれるけれども、その期限が切れたら真っ逆さまにこちらに落ちてくることになっている。だから、今から湯を沸かして待っているのだ」。

難陀は恐れおののいて、ようやくにして本当の意味での、無所得の修行に入ったのだといいます。そういう話を、道元様は『知事清規《ちじしんぎ》』のはじめに、長々と引用しておられます。

たとえばですよ、そのようにお釈迦様は、最初から無所得行といってもついてこないので、まずは欲しいものから与えるのです。ソンダリが恋しいといえば、ソンダリより美しい天女を、というように。病人には薬を、お腹のすいた人には食事をと、まずは欲しいものを与える。「この一財をきざして衆生の心地をはじむるより」というのは、そういうことです。方便門です。

観音様のことを、「三十三応化身」とか、「千手」とかいうのは、相手の欲しいものをまず方便として与えるからです。そこだけでとどまったら、現世利益の新興宗教と同じです。方便としてそこから入るけれども、最後の「得道にいたるまでも」と、ここが大事ですね。とりあえず欲しいものから、方便門で渡していく。しだいに誘引して、最後、得道にいたるまでもっていく。千手観音でしたら、胴体、肝心かなめのところまで。難陀の例でいえば、無所得の修行に目覚めるまで、そこまで誘引する。「得道にいたるまでも」というのは、そういうことですよ。

心がものを転じ、ものが心を転ずる

かるがゆえに、六波羅蜜《ろくはらみつ》のはじめに檀波羅蜜《だんはらみつ》あるなり。心《こころ》の大小は、はかるべからず、物《もの》の大小も、はかるべからず。されども、心転《しんてん》レ物《もつ》のときあり、物転《もってん》レ

心《しん》の布施あるなり。

「六波羅蜜」は布施《ふせ》、持戒《じかい》、忍辱《にんにく》、精進《しょうじん》、禅定《ぜんじょう》、智慧《ちえ》。波羅蜜はパーラミター。「度」と漢訳し、彼の岸に渡すという意味です。「六波羅蜜のはじめに、檀波羅蜜あるなり」。檀波羅蜜は先ほど言いましたように、檀那波羅蜜。そして、「心転物」。心が物を転じる。心の持ちようで同じものが違って見える、ということです。

念仏弾圧で親鸞聖人が越後に流されましたね。かつて金沢の本誓寺へお話に行ったとき、本誓寺さんの歴史が千年だとききました。いま浄土真宗のお寺で千年の歴史ということは、もとは鎌倉仏教より古いという証拠ですね。私が、「御当山はお古いんですね。もと、天台か、真言でしたか」とお尋ねしたら、はたしてもともとは天台宗、比叡山の末寺でした。ところが、親鸞聖人が念仏弾圧で越後に流される途中、手取川が氾濫して渡れず、このお寺にしばらく滞在されました。そのしばらくの滞在中、流罪人である親鸞様のお人柄に惚れ込んで、名だたる天台宗のお寺が、浄土真宗に変わったのだといいます。

感動いたしましたね。受け入れるほうにとっては、一般的には流罪人なのですから、歓迎したくない。行く方にとっては流罪地なのですから、いいところではない。そんなことはどうでもいいんですね。親鸞様ほどのお方は、行くところがみんな楽土になる。

村の中に
森の中に
はた海に
はた陸《おか》に
阿羅漢《こころあるもの》
住みとどまらんに
なべてみな楽土《らくど》なり　（『法句経』九八　友松圓諦訳）

心ある人のゆくところは、全部楽土になる。お浄土になる。これが「心転物」です。同じ場所、同じものを見ても、見る人のこころ、行く人のこころで、まったく違うもの、違う景色が展開するわけですね。

次は「物転心」、物が心を転ずる。たとえば、お母さんの手づくりのおにぎりをいただいて、心が一八〇度転換したという子どもの話があります。あるいは、私なども、母の手織りを生涯着せてもらっています。心のこもったものによって、相手の心を転ずる、という布施がありますね。

そういうことで、私どもは、天地総力をあげての布施をいただいている、その天地いっぱいに、私のできる布施を、あらゆる機会を使って返させていただこうじゃないかと。そのことに気づかせていただいたもう一人の私が、諸仏です。それに気づかせていただいた、これが正伝です。その喜びをもって、何とかして、ご恩返しとして布施をさせていただこうじゃないか、と。そういうふうに、いただいておきたいと思います。

四　愛語

人を立ち上がらせる言葉

愛語、といふは、衆生をみるに、まづ慈愛の心をおこし、顧愛《こあい》の言語《ごんご》をほどこすなり。おほよそ、暴悪《ぼうあく》の言語なきなり。

意味としては、だいたいは、わかりよい言葉を使ってお書きくださっています。親が我が子を顧みて愛おしむ心、それが慈愛の心、顧愛の心といえますでしょうね。布施の心が言葉に現れたとき、慈悲となり、あるいは愛語となる。

「暴悪の言語なきなり」ということについて、キリスト教との交流でヨーロッパへ行ったときに、ベネディクト派の方々とご一緒しました。そのベネディクトの戒律のなかに、「舌によりて罪を犯すことなかれ。死も生も舌の権限なり」という言葉がありました。

同じ一つのことでも、どのような言葉をかけるかによって相手を死に追い込むことがあれば、死にたいと思っている人を立ち直らせることもある。そういうことです。

ある老人ホームで、叱ることや否定的な言葉を使うことを、一切やめようじゃないかと相談したそうです。代わりに、一つでもできたら褒める。やれるじゃないか、と。そういう申し合わせを職員のなかでしたそうです。そうしたら、老人たちはどんどん変わったそうです。積極的に介護側にまわる人さえも生まれたというんです。

私が生涯尊敬してまいりました、愛の教育の東井義雄先生、ペスタロッチ賞をもらわれた方ですね。この東井先生が諸先生方に頼まれたことがあります。子どもたちの、レポートなり、答案なりを採点するとき、○《マル》は紙からはみ出すほどに大きく書いてやってください、×《バッテン》は虫眼鏡で見なきゃわからないほどに、小さく書いてやってください、と。

この東井先生の愛弟子で、八ツ塚実という先生も、東井先生のお心を受け継ぐ素晴らしい先生でした。この八ツ塚先生も、子どもたちに向かって、一つでもやったら、「やれるじゃないか」「やったじゃないか」と褒め、「君ならやれるから頑張れよ」と、必ずそういう言葉を使われたという。

このように、たった一言でも、愛語はその人を立ち上がらせる。同じ一言でも、一人の人を立ち上がらせることもできるし、死に追い込んだりすることにもなる。その一言もですよ、直接聞いてみないとわからない。

愛から出た「バカヤロー」

たとえば、同じ「バカヤロー」でも、その「バカヤロー」を聞いて立ち上がる「バカヤロー」もあれば、死に追い込む「バカヤロー」もある。これは、聞いてみないとわからない。声は人格を表すといいますから、恐ろしいことですね。

道元様は、「面授」といって、直接会うことを非常に大事にされました。会ってみないとわからない。声も人格を表す。直接聞いてみないと、わからない。同じ「バカヤロー」という文字だけでは一つだけど、それを言った人の人格、心が声に出る。

皆さんもご存知と思いますが、北野玄峰《きたのげんぽう》禅師が、ある刑務所に頼まれてお話に行かれました。壇上に上がられた玄峰禅師、収容されている人たちの顔をずーっと見回して、涙を流されて、なかなか言葉にならない。しばらくして、「このバカヤローどもめ！」とまず、怒鳴られた。「このバカヤローどもめ！　お前たちのお母さんは、おまえたちをこんなところに送り込むために産み育てたと思うか。二度とこんなところへくるんじゃないぞ」と。泣きながらそうおっしゃって、壇を下りられた、という有名な話があります。

この、涙しながら「バカヤロー！」とおっしゃった北野玄峰禅師の説法を聞いたそのときの囚人は、二度と刑務所に帰ることはなかったといいます。刑務所は何度でも帰る人が多いそうだけれど、この北野禅師の涙ながらのバカヤローを聞いた囚人たちは、誰も戻ってこなかったというのです。

同じ一言も、愛から出た一言と憎しみから出た一言では、響きが違う。そういう意味では、できれば直接会い、直接聞くということの大切さを思います。

その愛ということでいろいろ思い出すことがあります。京都大学の総長であった平澤興《ひらさわこう》先生が、「欠点が気になるうちは駄目だ。むしろ、欠点が長所に見えるようにならないと、駄目だ」とおっしゃっている。これはなかなかなことですね。

我われ凡夫は、気に入らない相手だと、長所も欠点に見えてくる。ところが、「欠点が気になるうちは駄目だ。むしろ、欠点が長所に見えるようにならないと、駄目だ。」と。

私など、お花が好きで、お花を生けるのに、花屋さんのお花はまっすぐで面白くないけれど、自坊の庭や、自然の山野で、好きなように曲がっている枝をとってきて、「曲がっているからいいのよね」と言って、曲がりを楽しんで活けるんです。活けながら思うんですね、花ならばそう言えるけど、すべての人に言えるかな、と。

お釈迦様に「十大弟子」というのがありますね。智慧第一の舎利弗《しゃりほつ》尊者、神通第一の目《もく》連《れん》尊者、というように。しかし、お釈迦様は十人ばかりじゃなくて、全部の弟子の良いところを一つひとつ褒められたのではないかと思います。我われもそうなるといいなと思うんです。

たとえば、尼僧堂なんかにおりましても、一人ひとりの長所を全部読み上げる。お料理第一の○○さん、お掃除第一の○○さん、お返事第一の○○さん、とね。その子の長所を見つめようと思ったら、必ずいいところがあるはずです。

安否を問う言葉がけ

世俗には、安否《あんぴ》をとふ礼儀あり、仏道には、珍重《ちんちょう》のことばあり、不審の孝行《こうこう》

あり。

「珍重」は、ごくろうさま、お大事に、と、お別れに臨んで、ご自愛を祈る言葉として使われてきました。禅の問答でも、「珍重」「万歳」というやり取りを耳にしますね。

それから、「不審」ですね。この「不審」というのは、今はあまり良い言葉に使われておりませんが、本当は目上の方に向かって懇ろに、「ご機嫌いかがですか」とか、「昨夜はよくおやすみになれましたか」とか、真心をこめてお尋ねするのが、「不審」なんですね。

永平寺では今でも、道元様の廟所である承陽殿の係の方は、朝は「不審」といって戸を開け、夜は「珍重」と言って下がるのだそうです。

これは懐奘《えじょう》禅師が一代、道元様の侍者をおつとめになって、朝は「不審」「おはようございます」「昨夜はよくお休みになれましたか」「ご機嫌はいかがですか」懇ろな心をこめてのご挨拶をされる。これが「不審」です。それから、一日が終わって夜寝る前に「珍重」といって休まれました。

懐奘禅師は、道元様が亡くなってのちの二十数年間も、朝は「不審」と言って承陽殿に入り、冬は温かいお湯を、夏は冷たい洗面の水を捧げる、というように、生前と全く同じに道元様に仕えられたといいます。それを、八百年後の今日まで、承陽殿係の方は継承されているのだと伺っております。

この「珍重」とか「不審」というのは、中国の宋代のご挨拶だそうでして、先だって中国から帰ってきた方にそれを聞いたら、今は使っていないと言っていました。道元様は当時中国でおこなったそのご挨拶を、そのままに日本に持って帰られ、それが相続されているというわけなんですね。

ついでのことですが、表千家の家元の本席の名は、「不審菴」といいますね。ですから、「不審菴さんですか」と訊いたら、「表千家ですか」というお尋ねになるわけです。それに対して、裏千家は「今日庵」。これは日本でのご挨拶です。中国のご挨拶が「不審」ならば、日本のご挨拶は「こんにちは」ですね。

いずれにしましても、不審も今日も、どちらも「ご機嫌いかがですか」というご挨拶、真心をこめてのご挨拶ですね。

母がわが子に向かうがごとく

慈《じ》念《ねん》衆生《しゅじょう》、猶《ゆう》如《にょ》赤子《しゃくしノ》〈衆生を慈愛すること、猶《な》お赤子《しゃくし》の如くす〉おもひをたくはへて言語するは、愛語なり。徳あるは、ほむべし、徳なきは、あはれむべし。

母がわが子に向かうがごとくに、すべての人に向かえ、ということです。いいですね。これは『法華経』の「提婆達多品」に出てくる一句です。寺というのは、すべての人の心のふるさと。いつでも我が家に帰る思いで出入りできる所でなければならないと思います。ですから、私の信州の寺も、お茶、お花、参禅会、いろいろなメンバーが出入りします。私は自分の師匠に、その一人ひとり全部、自分の娘や孫が帰ってきたと思って受け止めてやってくだされ、と頼んだことを覚えています。どうぞ、ご住職さんも、檀信徒さんも、お寺が心の故郷なんだと、そのように受け止めて対応していただければ有難いと思うんです。

天理教では、ご本山に帰ることを「おぢばがえり」といって、お参りにきた誰に対しても、「おかえりなさい」とご挨拶をします。いいですね。お寺は全部の人の心のふるさと、ここへ来たら心が安らぐ。行くところがなくなったら寺へ行く。そういうところが寺であってほしいと思います。「慈念衆生、猶如赤子の思い」というのは、そういう心構えのことではないでしょうか。

立場をかえてみよう

それから、「徳あるは、ほむべし、徳なきは、あはれむべし。」「あはれむ」といっても、可哀想というのではない。自分中心の生き方しかできない人に、何とか、転じられるように、と。この「転じる」ということは大事ですね。悲しみを喜びに転じる。病気を財産と転じてゆく。失敗を跳躍台として、より一層の成功へと転じてゆく。というように、見守り、祈ってやれというのです。

「転ずる」ということで、申し上げておきたいことがあります。『典座教訓』に、「那頭《なとう》より這頭《しゃとう》を看し、這頭より那頭を看し」とありますね。こちらからばかりみていないで、向こうからこちらを見直してごらんなさい、というのですね。我われは自分の側からしか見られませんけど、立場を変えて、向こうからこちらを見直してごらんなさい。更には、角度を変えてみようじゃないか。近づいたり離れたりというように距離を変えてみようじゃないか。あるいは、高さを変えてみようじゃないか。時間をかけてみようじゃないか。こうして、視点を変えていくことで、人生、大きく転じてゆくことができると思います。

江戸時代に盤珪永琢《ばんけいようたく》禅師という方がいましたね。この盤珪様のところへ、あるお姑さんが、嫁の愚痴をこぼしにきました。盤珪様は、このお姑さんの愚痴を余すところなく聞いたうえで、一言、「姑もかつては嫁にて候」と言ったそうです。あんたも最初から姑じゃなかっただろう。嫁の日もあっただろうに。来た道じゃ、と、いうことですね。

今度は、お嫁さんが姑の愚痴をこぼしにきた。その嫁の愚痴も丁寧に聞いたあと、「嫁が姑になるにて候」と、一言。やがてあなたもゆく道じゃ、他人と思うな、ということですね。来た道、行く道。いいお話ですね。

このように、すべての人に対しても立場を変えてみる。相手の立場に立ってみる。いろんな角度から眺めてみる。高さを変えてみる。これが「転ずる」ということです。見えなかったものが見えてまいりましょう。

というように、「徳あるは、ほむべし。徳なきは、あはれむべし」。これは、「可哀想に」ということではなくて、相手の立場に替わって考えてみるというような、受け止め方ができたらいいと思います。

無理してでも、愛の言葉を

愛語をこのむよりは、やうやく愛語を増長するなり。しかあれば、ひごろしられず、みえざる愛語も、現前するなり。

「やうやく愛語を増長する」ということは、放っておいて愛語が出るはずがない。努力して努力して、強いてでも愛語を、とおっしゃっているのですね。

道元禅師のお言葉を伝える『正法眼蔵随聞記』のなかの、道心についてのところで、

誰人《たれびと》か初めより道心《どうしん》ある。只《ただ》かくの如く発《おこ》し難きを発《おこ》し、行《ぎょう》じ難きを行《ぎょう》ずれば、自《じ》然《ねん》に増進するなり。（一―一六）

とあります。愛語においても、同じことがいえるのではないですか。無理してでも愛語を言う。無理してでも、にこにこする。無理してでも、それを行ずれば、自ずからその世界が開ける。そういうものですね。

斎藤茂吉の息子の斎藤茂太という精神科医がいました。「おかしいから笑うんじゃない。笑うからおかしくなるのだ」と言っていますね。無理してでも笑え、と。

無理してでも、というので思い出すお話があります。尼僧堂の禅の集いに、信州からあるおばあちゃんが参加されました。三日間の禅の集いを終えた帰りに、私に人生相談で話を聞いてくれ、というんですね。

定年退職で家にいるご主人のあり方が気に入らなくて、「主人を殺したい」という言葉まで出てきました。私は申しました。「そんなに一緒にいるのがいやなら、別れていいからね。でも、長いこと、何十年もご一緒しながら、気まずい別れ方をしたら寂しいね。せめて最後三日でいいから、最高のあなたのあり方をしてね。何十年ご一緒したら、ご主人は何が一番好きかもよくわかっているだろうから、お食事もご主人の好きなお料理をして、心をこめて三日をつとめてから別れなさい」と。「三日でいいですか」って言うから、「三

カトリック、東方教会のシスターたちと合掌で挨拶する著者

日でいいよ」と。「ならばやってみます」と言って、帰っていきました。

三日、要りませんでしたね。翌日、ご主人から電話が入りました。「尼僧堂へ三日行ってきただけで、あれだけ家内を変える先生に会いたい」と言って、今度はご主人が参禅会に来られるようになりました。

相手に変わることを求めない。自分が変われば相手が変わる。そういうことですね。ですから、澤木老師が、「夫婦喧嘩をしようと思ったら、まず合掌してからはじめなさい」とおっしゃった。合掌して、さて夫婦喧嘩、――できませんね。

というように、無理してでも、にっこりする。無理してでも、愛の言葉を語る。無理してでも、掌を合わせる。そうすれば、その世界が開ける。にっこりすれば、にっこりした世界が開ける。愛語を語れば、愛の世界が開ける。合掌すれば、合掌した世界が開ける。こういうことでしょうね。『学道用心集』にある「修すれば証その中にあり」のお心はこれでしょうね。

だいぶ古いことですが、お笑いの芸人であった正司歌江さんと、福井のある会場で一緒に講演をしたことがあります。正司歌江さんは、学校もほとんど出ていない、大変苦労した人のようですね。結婚して、拳を振り上げて相手に殴りかかりたいとき、恨み辛みをぶつけていきたいとき、腹に力を入れてその代わりに、にっこり笑うことにしました、と。これですね。振り上げたくなる拳を、手を広げて合掌に替える。憎しみを言葉でぶつけたいとき、目をつり上げたいとき、ぐっと力を入れてにっこりする。そうしてきました、という話をされました。その姿勢が、正司歌江さんを、人生を語る講師になるまでにしたのでしょう。

度々紹介してまいりました、村上和雄先生、遺伝子の世界的権威の方ですね。この村上先生が、おっしゃるんですね。〝笑いでがん抑制の遺伝子をオンに働かせよう。マイナス思考すると、同じ遺伝子が悪玉に変わる〟と。だから、〝無理してでもいいから、笑え、笑え〟と。科学者がそういうんですね。

今日只今を、生々世々に積み重ねて

現在の身命《しんみょう》の存せらんあひだ、このむで愛語すべし、世世生生《せせしょうしょう》にも、不退転ならん。

これは大変です。命のあらん限り、あるいは生々世々にわたたって、不退転でありたい、と。これは誓願としてはいいですね。しかし、これは難しい。

松本梶丸先生は、金沢の近くの松任にある本誓寺さんという浄土真宗のお寺の御住職で、ここにも何度かおいでいただきました。

この梶丸先生からのお手紙の中に、こういうのがありました。「今年一年、腹を立てない」と年賀状に書いた。ところが、元旦の午前中にもう腹が立ってしまった、と、いうんですね。

ここで道元様のおっしゃるように、「身命の存せらんあひだ」、さらには生々世々にもという、誓願を立てるのはいい。しかし実際は、今日一日、あるいは今、ひと言の愛語を、笑顔を、と。そしてそれが、生々世々になっていけば、それは結構なことだと思います。最初から生々世々に、というのは大変なことです。

松原泰道師がよくおっしゃった言葉に、「永遠に生きるという一面と、今日只今のみの命という一面と、両方の姿勢で生きろ」というのがあります。

「インド独立の父」とも呼ばれた、ガンジーさんの言葉にも、同じようなものがありますね。

明日死ぬかのように生き　永遠に生きるかのように学ぶ

私も、このように九十歳にもなり、そのうえいっぱい病気をいただいたこともありまして、「明日死ぬかのように」という思いは、実感としてたしかにあります。

お話も、これが最後になるかもしれないという思いが、幸いに病気と歳のおかげで、実感としていただける。これは有難いことです。元気だったり若かったりすると、当分大丈夫という思いがどこかにある。しかし、生きるということは、常に死と背中合わせです。今日只今に命をかける。それが、いつ死んでもよいという生き方になると思うのです。

鈴木大拙《すずきだいせつ》さんは、長生きの秘訣をきかれたとき、こう答えられたそうです。鈴木大拙さんは、鎌倉の松ヶ岡文庫におられました。この文庫は何百段もの石段の上にあります。毎日この何百段の石段を上がったり下りたりするんだそうです。下から何百段をふり仰ぐと、それだけでやれやれと思ってしまうから、上は見ない。もう一段上がりましょう。もう一段あがりましょう。それだけ。そうすると、いつのまにか、上へ上へとあがっている、と、そう鈴木大拙さんがおっしゃったそうです。

一つのことを実践する上においても、ここに書いてあるように、「生々世々にも」という誓願も大事に違いありません。しかしながら、実際には今日一日、今一瞬を、と。それを積み重ねていく。そういう取り組みの姿勢が、大事だろうなと思うわけでございます。

愛語の持つちから

怨敵《おんてき》を降伏《ごうぶく》し、君子《くんし》を和睦《わぼく》ならしむること、愛語を根本とするなり。むかひて愛語をきくは、おもてをよろこばしめ、こころをたのしくす。むかはずして愛語をきくは、肝《きも》に銘《めい》じ、魂《たましい》に銘ず。

直接の愛語も嬉しいけれども、「むかはずして愛語をきくは、肝に銘じ、魂に銘ず」というので、思い出す言葉があります。

西岡常一さんという、法隆寺の昭和の大改修のとき、棟梁をされた方がいます。西岡さんの棟梁としての師匠は、お祖父さんだったんですね。このお祖父さんは直接には褒めてくれなかった。しかしいつも、孫の常一さんのことをお母さんに「孫はよくやっているよ」と、褒めて話していた。西岡常一さんがいうんですね。「母から間接に聞く。これがきくんですな。直接聞くよりは……」。とかく、間接的には悪口を言うものです。逆に、間接的にあの人は素晴らしいと褒める。これを聞くと、身に沁みるものがありましょう。

しるべし、愛語は、愛心よりおこる、愛心は、慈心《じしん》を種子《しゅうじ》とせり。愛語、よく回天《かいてん》のちからあることを、学すべきなり、ただ、能《のう》を賞するのみにあらず。

「愛語、よく回天のちからあることを」というのは、回天、天子のお心さえも、百八十度方向転換させる力を持っているよ、というんですね。

昔から、「綸言汗《りんげん》のごとし」といって、一度出た汗はひっこめるわけにはいかないように、天皇なり、皇帝なりが、一たび言い出した言葉は、良くても悪くても「ごもっともでございます」と、通すのが普通です。その天子の言葉さえも、百八十度方向転換させる力を持っているのが、愛語だというのです。

唐の太宗《たいそう》は非常に理想的な政治をしました。それを記録したものが、『貞観政要《じょうかんせいよう》』で、帝王学のお手本として、日本でも古来よく読まれました。

この唐の太宗が、自分の洛陽宮の修復をしようと言い出した。ちょうど農繁期だったらしい。皇帝が何かをしようと思うと、農民が駆り出される。農繁期に農民が駆り出されたら困る。民衆を困らせることは、皇帝のためによくない。それで、この皇帝を諫めるお役にあった張玄素《ちょうげんそ》が、それこそ命がけで諫言をした。「洛陽宮の修復を今なさることはよくありません、農閑期をお待ちください。民衆を苦しめることは、皇帝にとっても良いことではございませんから……」。この張玄素の諫言を太宗はきいて、洛陽宮の修理を中止した。聞く方も名君だから聞けた。いくら家来であろうと、後輩であろうと、そのことが道にかなうことならば、それに従う。これが名君というものですね。張元素が命がけで太宗に進言したことを、太宗もちゃんと聞く耳があって自分の言い出したことをひっこめたのです。

この一件を宰相の魏徴《ぎちょう》が褒め称えました。それが、この「愛語、よく回天の力あることを学すべきなり」の一句です。

「ただ能を賞するのみにあらず」。ほめるだけが能じゃないよというんですね。愛の極限は叱るというかたちもとる。張玄素が、太宗に進言した。言い換えれば、叱ったわけです。これが命がけの忠誠心であり、まごころであったので、太宗もこれを聞き入れることができたのですね。

愛語が叱るというかたちをとる、ということで、思い出すことがあります。東井義雄先生に聞いた話だったかと思うのですが、お父さんが会社から帰ってきたら息子の俊雄くんが、仏壇に置いてあった二、三百円を勝手にとって、買い食いに使ったらしい。それを奥さんが、何気なくお父さんに話した。

するとお父さんは非常に怒って、「俊雄、それがどれほど悪いことか、おまえに思い知らせてやる」と。冬の寒いときだったそうです。「今から池の氷水をおまえにかぶせる」。お母さんはびっくり仰天して、「そんなことをしたら、俊雄が風邪をひいてしまいます」と言うけれど、お父さんは聞かない。裸の俊雄くんを池の端に連れて行った。「そういうおまえを育てた俺にも責任があるから、まず俺が水をかぶる」。そう言って、まずお父さんがバケツに三杯、水をかぶった。大人でも、心臓が止まるのではと思うほど冷たかった。自分のために氷水をかぶってくれるお父さんの姿を、俊雄くんは涙をいっぱいためながら見つめていた。約束だから、バケツの底に水を少なくして、俊雄くんに三杯かけた。俊雄くんはすくんでしまった。お父さんは、その俊雄くんを抱いて風呂に飛び込んで、乾いたタオルで一所懸命こすってやった。俊雄くんも、もう一つのタオルで、お父さんの体を一所懸命拭いた。二人で一所懸命拭きあいながら、思わず抱き合って泣いてしまったという。それからは、いくらそのあたりにお金を放り出しておいても、手にする息子ではなくなった、という話を聞いたことがあります。

深い愛、愛の極限は、叱るという姿にもなるんだと、それが、「能を賞するのみにあらず」の一句の心といえましょう。

五　利行

宇宙船地球号のすべての仲間のために

利行《りぎょう》、といふは、貴賤《きせん》の衆生におきて、利益《りやく》の善巧《ぜんぎょう》をめぐらすなり。

「貴賤の衆生におきて」と、「貴い」と「賤《いや》しい」という言葉を使っておられますけれど、これは、言葉上のあやです。余語老師は、「この貴いとか、賤しいというのは人間の寸法で、なくてもよいものなんだ。言葉のあやで使っているけど、これはどうでもいい。すべての衆生のうえに、という意味だ」とおっしゃっていました。

「利行」というのは、全ての衆生のうえにおいて、「善巧」を、よりよき手立てを講じてやろうじゃないか、と心を運ぶ。

すべての衆生、というのは、人ばかりじゃありません。地上の一切の上に、と受け止めたいですね。

人間の都合ばかり考えてきて、今、行き詰っておりますね。筑波大の科学者の村上和雄先生が、こうおっしゃっています。「モア・アンド・モア」、「もっと、もっと」と、人類が自分の都合ばかりを考え、欲望の満足ばかりを追いかけてきた結果、地球を駄目にしている。たくさんのものを絶滅に追い込んでしまう。ところが、地上の動物や草木が生きる条件も、人間が生きる条件も、条件は同じだ。だから、たくさんのものを絶滅に追い込んでいけば、いずれは、自分たちのうえにしっぺ返しがくるんだ、と。それを考えなければならない、と。よくおっしゃっていましたね。

というようなことで、この「貴賤の衆生」という中には、人間ばかりじゃない。草木から動物から全部が、と受け止めた方がいいと思います。

しかしながら、難しいですね。われわれはいい人に対しては、より良く、と思う。けれど、気に入らない人には、なかなか同じようには、できないものなんです。しかし本当は、地上のすべてのもののうえに、より良く、という姿勢でありたいですね。「宇宙船地球号」

初秋の尼僧堂境内

という合同船に乗り合わせている、動物も、植物も、人間も全部家族だから、その全部のために、と、そういう姿勢でありたいと思うことです。

澤木老師のお弟子さんで、横山祖道《よこやまそどう》という方が、懐古園で草笛を吹いておられました。この方と、NHK『宗教の時間』にて対談することになり、下相談をかねて、金光寿郎《かねみつとしろう》アナウンサーと共にお訪ねしたことがあるんです。そのときに、横山老師が最初におっしゃった言葉が、「この地上のすべてのものは、一つ命に生かされている兄弟、仲間じゃないか」というういい方をされました。「すべてのものは」と言って、「人間」とはおっしゃらない。「一つ命に生かされている兄弟、仲間」。いいですね。村上和雄先生のおっしゃる、「サムシング・グレート」、仏性ですね。その一つ命に生かされている全部が兄弟じゃないか、と。「それを人間は、境界線などを作って、取った取られたと、限りない争いを繰り返している。残念なことですな」と、おっしゃった言葉が心に残っております。

この宇宙船地球号という一つ船にのりあわせた、全部兄弟なんだ。地球上にある一切のものの幸せのためにと、そういう姿勢を取るべきものなんだ。それがこの一節ですね。

ずっと先のほうまで考える

たとへば、遠近《おんごん》の前途をまぼりて、利他の方便をいとなむ。

「遠近の前途」、その人のずっと先のほうまでも考えて、今、どうしてあげるべきかということを考えろというんですね。これは大事なことです。

ルソーが『エミール』のなかで、「子どもを不幸にするいちばん確実な方法は、いつでも、何でも手に入れられるようにしてやることだ」と言っておりますね。

私のお茶の生徒で、こういう方がいます。その方は、次男さんと結婚したから、お義母さん、お姑さんのお世話をすることはなくて済んでいたわけです。けれど、長男さんが、お姑さんを世話するのに疲れ果てているのを見て、自分からすすんでお姑さんを引き取り、おしもの世話から全部することにされました。学校へ行っている子どもにも、一緒にお義母さんのお世話をさせる。商売をしながら、お義母さんのお世話もしながら、しかも、お茶のお稽古も休まずに来るものですから、私が「大変でしょう」と、労いの言葉をかけました。

そうしましたら、こう言うんですね。「いえ、先生、私のところは、夫婦と子ども三人、元気な者ばかり。これではいけない。子どものために、おばあちゃんに来ていただいております。元気なのは今だけであって、やがてこの日がくる。だから学校へ行くときも、『おばあちゃん、行ってきます』と挨拶をさせる。あるいは、食事のお世話から、おしものお世話まで、なるべく子どもも一緒にさせる。やがてこの日が来るという自分の一生の展望ができ、今どのあたりの座標にいるかということがわかれば、今、やるべきことがわかる。そういう意味で、おばあちゃんに来ていただいておりますので、ありがたいと思っています」と。なかなかのことをおっしゃったことが、忘れられません。

今年、私は九十歳になり、病気も山ほどいただき、また、かつては一度読めば頭に入ったものが、いまとなっては理解はできても、すぐ忘れる。しょうがないから書くんですね。それでも忘れる。これが歳の景色だと思い、雲水たちに云うんですね。やがてこういう日がくるんだから、今のうち、無理のきくうちにやりましょう、と。頑張ってほしい、と。

道元様が一生を「生老病死」という言葉で表されたけれど、私自身、三、四年前までは相当無理がきく体でした。やっと、ここで「老病死」の勉強をさせていただくことができ、生老病死、一生、という展望ができるようになったな、と有難く思っています。

病気から学ぶことが山ほどありまして、たとえば、歩くことも立つことも、すべて当たり前だった。今は、歩くことも立ち座りも、みんな大変だ。それではじめて、当たり前ということがどんなにすごいことかと、勉強させてもらったのです。有難いですわ。しかし、そういうような私の姿を見て、やがて、ああいう日が来る。今、やらなきゃならない、と。頑張ってほしい、と。雲水たちに言っていることです。

修行道場の規矩を示された『重雲堂式《じゅううんどうしき》』のなかで、道元様は厳しいことをおっしゃっておられますね。

道心ありて名利をなげすてんひといるべし。いたづらに、まことなからんもの、いるべからず。あやまりていれりとも、かんがへていだすべし。

名利を捨てていない者は、そもそも道場に入れるべきではない。誤って入れてしまったら、追い出せ、ということです。その続きに、「のちをあはれみて、いまをおもくすべし」という一言が出てきます。ずっとずっと先の方、先の将来、先の世代を考えて、いま、どうしてあげるべきかを考えろ、というんですね。

やはり、非常に一生懸命、参禅をしてくださっているある方がおられます。かつて、こんな話をされました。携帯電話が出始めたころに、お友達が持っているから自分も欲しいと、息子が言う。そこで学生という身で、なぜ携帯電話が欲しいか、なぜ必要かを三日間息子と語りあった、というんです。三日間、膝をつき合わせて語りあって、そして、何が必要か、何がプラスか、何がどうでもいいのか、人がもっているから欲しいというだけなのか、よくよく話しあって、納得して持たないところまでもっていきました。買ってやった方が、よほど楽です。しかし、それがなぜ必要なのか、ただ欲しいだけなのか、プラス・マイナスはどうなのかと、それを三日かけて語りあいました、と言ってくれて、感心いたしました。

こんな話もあります。道元様が時の執権・北条時頼に招かれて、鎌倉で教化ののち、永平寺に戻られました。その時、玄明上座が北条時頼から、永平寺への寄進状を預かって、喜び勇んで帰り、それを衆中に触れ歩くんですね。それに対して、道元様が、「寄進を喜ぶその心根が汚い」と、厳しすぎるのではないかと思うくらいの手段で罰していますね。下山させ、坐禅堂で玄明上座が座っていた単の下の土まで掘って捨てさせたと伝えられています。後々の者のためにも、今、厳しくしておかないと、どこまで崩れていくかわからない。道元様の心の中には、そういう思いがあったんだろうと思います。「遠近の前途をまぼりて」とはそういうことですね。ずっとずっと先のほうまでも考えて、今、どうしてやるべきかを考える、ということです。

見返りを求めない

窮亀《きゅうき》をあはれみ、病雀《びょうじゃく》をやしなふべし、窮亀をみ、病雀をみしとき、かれが報謝をもとめず、ただひとへに、利行にもよほさるるなり。

「窮亀をあはれみ」というのは、晋の孔愉《こうゆ》が余不亭《よふてい》で籠につかまった亀を買い取り、渓流に放してやった。亀はその謝恩を、孔愉が余不亭侯に任ぜられて印を鋳ずるにあたって、亀形に現じて報じた、という故事によりますね。

「病雀をやしなふべし」という方は、後漢の楊宝《ようほう》が少年時に傷ついた雀を助け養い、雀はその恩返しに楊宝の夢中に童子となって現れ、四つの白い環を置いて、子孫四代にわたって栄えることを予言したという故事ですね。

「窮亀をみ、病雀をみしとき、かれが報謝をもとめず、ただひとへに、利行にもよほさるるなり」。ここですが、雀や亀さんならば、お返しを待ちませんが、私どもはどうなんでしょう。たとえば、電車の席をゆずるだけでも、「ありがとう」の一言くらいは心のどこかで待っているんじゃないでしょうか。まったく無報酬で、というような恰好にはなかなかなりません。

昔、京都の祇園で、武原はんさんの踊りを見たことがありますが、あの武原はんさんが、ある雑誌の誌上対談で、

かけた情けは水に流し　受けた御恩は石に刻め

と語った言葉が心に残っております。これは中国の古い格言からきているようですが、私どもは、この反対になりかねない。受けた御恩は流してしまって、かけた情けばかり忘れなかったりして。

やはり心に残っている言葉に、余語老師が「お金を貸したら貸したと思わないで、あげ

たと思えばいい。そうしたら、返ってこなくても腹が立たない」とおっしゃったことがあります。なるほど、と思いましたね。そういう姿ですね。

あまねく自他を利する

愚人《ぐにん》おもはくは、利他をさきとせば、自《みずから》が利、はぶかれぬべし、と。しかには、あらざるなり。利行は、一法《いっぽう》なり、あまねく自他を利するなり。

「利行は、一法なり、あまねく自他を利するなり」。片方だけの利益などということはない、と。よみうりランドには、それぞれの宗派の祖師方が祀られていて、それぞれの方のお言葉が書かれているのだそうです。道元禅師のところには、この「利行は一法なり」の一句が刻まれているのだそうです。

たとえばですよ、こうしてお話をさせていただく。教育に生涯を捧げられ、ペスタロッチ賞をもらわれた東井義雄先生が、「子どもこそ、大人の親ぞ」とおっしゃいました。さらに、「先生方は、生徒を先生として」という言い方をされました。まことに、そうですね。

だいぶ前のことですが、小牧空港で拾ったタクシーの運転手が、女性ドライバーでして、乗った途端に、私に話しかけてきました。

「私、母子家庭です。男の子が一人いるのですが、やがてこの子が大人になった時に、誇れる母であらねばならないと思って、毎日をつつしんで生きております。もし、子どもがいなかったら、私は堕落していたかもしれません。子どものおかげで、こんな私がちゃんとした人生を歩めることを有難いと思って、子どもを拝んでおります」と、語ってくれました。こういう姿勢が、「子どもこそ、大人の親ぞ」という姿勢なんでしょうね。

「利行は、一法なり」というので、また思うことがあります。『碧巌録《へきがんろく》』に、「趙州《じょうしゅう》、驢《ろ》を渡し馬《ば》を渡す」、という則があります。この尼僧堂に私が講師として入ったのが、三十二歳のときでした。そろそろ六十年になります。その、講師として来たときのはじめに、この「趙州、驢を渡し馬を渡す」の則に出会いました。

趙州は二十七歳のときに南泉のところに来た。南泉が昼休みしていたんですかな、そこに趙州が入門してきた。南泉が、「どこから来たんじゃ?」と尋ねる。禅の語録では、「どこから来たか」という問いは、ただ出身地をきいているわけではありません。相手の境涯を探っているわけです。趙州は、瑞像院というところから来たんですね。「瑞像院」と答えます。南泉は「瑞像を見るや?」と問う。瑞像というのは、素晴らしい御仏の姿ですね。「素晴らしい御仏のお姿を見たか?」と。すると趙州は、「瑞像は見ず、臥如来を見る」と。南泉は、昼寝で横になったまま相手をしていたんでしょうね。そこで、趙州は、「瑞像は見ませんが、横になった仏様を見ました」と。南泉を仏様に仕立てて、言う方も、ぬけぬけと言ったものだと思うんですが。そこで、南泉はやおら起き上がったんでしょうね。「いったいお前は師匠のある沙弥《しゃみ》か、師匠のない沙弥か、有主沙弥か、無主沙弥か、師匠は誰じゃ?」と聞く。すると趙州は、「師匠になってください」とも、「弟子にしてくださ い」ともいわずに、もう南泉を師匠に仕立てて、ご挨拶までしてしまうわけです。皆さんご存知のように、よく人事行礼《にんじぎょうれい》なんかですと、挨拶がありますよね。「恭しく惟れば、尊《そん》候起居萬福《こうききょばんぷく》」とか、何とか挨拶をする。そういう方法で挨拶をして、南泉をその場で師匠に仕立ててしまった。それが南泉と趙州の最初の出会いです。

南泉のもとで趙州は三十年修行をする。そして、趙州が五十七歳のときに南泉が亡くなる。三年喪に服し、六十歳にして趙州はもう一度修行に出る。再出発するその時に言った言葉が、「年齢でもない、女・男でもない。法を得たものを師匠としていこう」と。だから「たとえば、八十、九十歳でも、わからない者には、私が教えましょう」と。「たとえ六、七歳の女の子でも、わかっている者ならば、師匠としましょう」と。そう言って、六十歳で再行脚に出る。二十年間修行してさらに、八十歳で趙州の観音院というところに住職される。

その趙州の観音院には、かならず橋を渡って行かなければならないそうです。それである人が、「趙州の橋、如何」と問いました。あなた様の橋はいかがでしょうか。要するに、橋を聞いているのではなく、趙州さま、あなたの仏法を教えてください、というわけですね。それに対して答えたのが、この「驢を渡し馬を渡す」という一言です。

つまり、驢馬を渡せば、馬も渡せば、全部、いいですか、全部、選り好みなしに、彼の岸に渡す。こちらの岸、此岸から、彼岸へ。いろんな人が来ますでしょうな。しかし、落ちこぼれなしに、全部を彼の岸に渡す。これが、「驢を渡し馬を渡す」という意味ですね。

私も六十年前、三十二歳でここに講師に来た時に、たまたまこの趙州の「驢を渡し馬を渡す」の則に出会って、この姿勢でいきましょうと、自分に言い聞かせました。この修行道場にも、いろんな人が来るだろう、と。凡夫の人間としては、気に入った人と気に入らない人がある。顔を見ているだけで、ニコニコしていたくなる人があれば、ニコニコしていたくとも、ニコニコ笑顔がいびつにひきつりそうになる人もいる。これは人間として仕様がないけれども、しかし、それはそれとして、いかなる条件を持った人も、いかなる背景を持った人も、いろいろあるだろうが、落ちこぼれなしに全部、仏法のぎりぎりのところまでいってほしい。納得してほしい。そういう意味で、彼の岸に渡すと。「驢を渡し馬を渡す」これでいきましょう、と自分に言い聞かせたのです。

ところが、渡してあげましょうなんて、とんでもない話だった。こちらが渡してもらいっぱなしだった、と気づいた。それで、こういう歌を作りました。

驢を渡し馬を渡す橋にならばやと
　願えども渡さるるのみのわれにて

こちらこそ、皆のおかげで、渡されっぱなしだったな、と。「利行は一法なり」。まさに、むしろ、こちらのほうがいただいていた。そうですわな。たとえば、この度の眼蔵会にしても、聞いてくださる皆さんのおかげで、私が勉強させていただける。有難いことです。

人生、出来ることならば、一日生きたら、一日生きただけの受け皿ののびが欲しい。一年生きたら、一年生きただけの受け皿ののびが欲しい。どんなに教えを聞いても、祖録を読んでも、自分の受け皿の大きさしかいただけないですからね。ですから、相手の教えがこのくらいあっても、受け皿がこれだけだったら、これだけしかいただけないんですわ。皆さんと一緒に勉強させていただくことで、少しなりとも受け皿を伸ばさせていただく。聞いてくださる皆さんのおかげで、一番私が勉強になっているかもしれません。有難いことです。

この間、『論語』を読んでいて、孔子に弟子の子貢が言うんですね。「顔回は一を聞いて十を知るけれども、私は一を聞いて二しかわかりません」と。顔回というのは、孔子に非常に可愛がられ期待されていたが、早くに亡くなってしまった弟子です。私はそれを読んで、思いました。私は澤木老師とか、余語老師とか、内山老師とか、武井哲応老師とか、素晴らしいお師家様方とご縁をいただいて、私なりに一生懸命聞いたつもりだったけれども、十を聞いて一か二くらいしか、わかっていなかったなと、自分を顧みたことです。

しかしですよ、今度は逆にしゃべる側にまわらせていただいたとき、たとえば十の準備をして、八くらい話せれば上等ですね。一応十の準備をしても、十以上に話すことはなかなか難しい、ということを思いましたときに、利行の点からも、一番得をしているのは、むしろ教える方、喋る方かもしれませんね。

ただひとえに他のために

むかしの人《ひと》、ひとたび沐浴《もくよく》するに、みたびかみをゆひ、ひとたび飡食《さんじき》するに、みたび、はきいだせしは、ひとへに他を利せしこころなり。ひとのくにの民《たみ》なれば、をしへざらんとにはあらざりき。

「吐哺握髪《とほあくはつ》」と「一沐三提髪」の故事ですね。「賢人を求めることに努むる意」として、「周公が子の伯禽を武王の崩じた魯国へ封ぜんとして誡めた故事（史記、魯周公世家）」と説明があります。周というのは、中国でいうと紀元前、中国の古代は尭の時代から始まって、夏・殷・周・秦・漢と続きますね。周の時代は、紀元前一千年くらいですかね。この紀元前一千年頃の周の国、その周公が子の伯禽を武王の崩じた魯国へ封ぜんとして誡めた故事です。

この中国の官吏というのは、昔は十日に一遍ずつ、いわゆるお風呂に入って、お髪を洗って結い直したそうです。それで中国では、上旬・中旬・下旬というところへ、「浣」の字を使って、上浣・中浣・下浣といい、松田亮孝老師が、よくこれを使っておられましたね。

「一度沐浴するに三度髪を結い」というのは、お風呂でお髪をほどいて洗おうとする。ところが、面会の人が来た。だから、途中でやめて、お髪を結い直して、相手をした。また洗おうとしてほどいたら、また面会の人が来た。三回までもそれをやった。国のために、公のために、手間を厭わず、その面会の方を大事にすると、そういう意味なんです。

あるいは、「ひとたび飡食するに、みたび、はきいだせしは」、これも極端な話ですが、一度の食事のさいに、口に入れたものまで吐き出して、面会の人に会ったという。自分のことより、面会の人を大事にしたという、そういうことですね。

「ひとのくにの民なれば、をしへざらんとにはあらざりき」。日本もそうですね。たとえば昔は、藩の利益を考えて、焼物・陶器であろうと、何であろうと、秘密にして、それを漏らすと大変なことになりましたね。鍋島焼なんか、その有名な一つの例といえましょう。

現在でも、学問であろうと、科学技術であろうと、他の国と争ったり、隠したり、他の国の利益にならないようにしたりと、そういうつまらない競り合いがあります。そういうことを考えない。自分だけが掴んでおかない。すべての人の利益のために。

これで思い出す言葉があります。如浄禅師の「風鈴の偈」というのがありますね。道元禅師の如浄禅師への求道日記が『宝慶記《ほうきょうき》』。中国の宝慶年間に、道元様は如浄禅師に随侍したので、年号をとってこう名付けられ、大野の「宝慶寺《ほうきょうじ》」はここから名前をとったわけですね。如浄禅師の風鈴の偈は、この『宝慶記』にも、『正法眼蔵』の「摩訶般若波羅蜜」にも紹介されています

渾身似口掛虚空　　渾身口に似て虚空に掛かる
不問東西南北風　　問わず東西南北の風
一等為佗談般若　　一等に佗が為に般若を談ず
滴丁東了滴丁東　　滴丁東了滴丁東《てきていとうりょうてきていとう》

ここでの風鈴とは、いわゆる風鈴ではなく、寺の堂塔の軒下に吊り下がる、風鐸《ふうたく》だと思ってください。「渾身口に似て」、体中が口、中は空っぽだ。その風鐸が、「虚空に掛かる」虚空の「虚」も空っぽ、空っぽの空間です。人間の寸法も外して、全部を包み込む姿です。

空っぽだから、東西南北どっちの風も全部受け入れる。「問わず東西南北の風」どっちの風が吹いても、カランコロンカランコロンと音を立てる。

「一等佗が為に般若を談ず」、いいですね。まったく平等に、すべてに向かって、本当のぎりぎりのところを一等に語る。

ここの「滴丁東了滴丁東」を、水野弥穂子先生は、中国語のほうの発音から、「チチンツンリャン、チチンツン」という読み方をされておりますけど、いまは日本の従来の読みで、「てきていとうりょう、てきていとう」と読んでおきます。

この最後の結びの一句を、風鈴の音で象徴している、というところが、何ともいえませんね。

ついでに申し上げておきたいんですが、「一等他が為に」の「一」という言葉。一はいわゆるの初、はじめという意味がある。それから、一家とか一国とか、一山というときは、全体という意味を持っていますね。それから、中国の荘子に出てくるんだそうですが、一は天の心、神仏の心。そういう意味で、「正しい」という字は、一に止まるという文字構成です。天の心、神仏の心に止まることを、正しいという。このように、漢字にはそれぞれ全部に意味がありますから、たとえばこちらで漢詩を教えてくださってきた、服部承風先生や、遠藤友彦老師は、絶対に略字を使わず、旧漢字を使っていらっしゃいます。

敵に塩を送った上杉謙信

しかあれば、怨親《おんしん》、ひとしく利すべし、自他《じた》おなじく利するなり。もし、このこころをうれば、草木《そうもく》・風水《ふうすい》にも、利行の、おのれづから不退不転なる道理、まさに利行せらるるなり。ひとへに愚をすくはんと、いとなむなり。

「怨親、ひとしく利すべし」いいですね。敵も味方もまったく平等に利する。

この言葉から思い出すことですけれど、武田信玄と上杉謙信は、何度も争いましたね。私の寺は長野県の塩尻、武田信玄と上杉謙信が競っていた地域です。日本の場合、塩の道というのがありますね。日本海側から来る、あるいは太平洋側から来る。信州は、新潟の方から松本・塩尻のほうに塩が来る。ところが、上杉謙信が塩の道を押さえているために、塩が来なくなってしまった。塩というのは、なくなれば命にもかかわる、生活必需品です。そのとき、上杉謙信は、いくら敵方であろうと、そこに暮らす民衆を苦しめるわけにはいかないというので、塩を送り込んできたのです。牛に塩を積んでどんどん送って寄越した。松本には、その牛をつないだ石が、今でも残っています。「塩市」といって、その上杉謙信の徳を慕って、一握りの塩を神棚に備え、皆で大事に頂くという催しも、今日まで続けられております。私の寺の「塩尻」という地名は、その上杉謙信が塩を送り込んできた、最後に到着した場所だからなんだそうです。それで、塩尻の銘菓には、上杉謙信の徳を慕って、塩味をきかせたお菓子が比較的多いのです。塩羊羹というのもありましてね、装丁に、私に何か書いてくれというので、歌を詠みました。

怨親をこえて塩をば送りませし
　　いにしえ人の徳をしぞ思う

と、こう書いてさしあげて、それが塩羊羹のお店の上紙になっているんです。

天地いっぱいのうえに心を運ぶ

「もしこのこころをうれば、草木《そうもく》・風水《ふうすい》にも、利行の、おのれづから不退不転なる道理、まさに利行せらるるなり。ひとへに愚をすくはんと、いとなむなり。」

この「風水」というのは、地水火風の四大元素、今でいう原子とか分子とかいう表現と思えばいい。我われが体調不良のとき、「四大不調」なんて使っていますが、すべてのものは地水火風の四大元素でできていると、インド古代の世界観では考えたわけです。「四大不調にして薬石効なく」なんていうときの、「薬石」もやはり仏教の言葉ですね。いま、私どもも夕飯を薬石と呼んで食べています。本来は、僧侶というものは、一日、一食です。寒い時、寒さとひもじさとで修行の心が退転してはいけないというので、食事の代わりに、温めた石を懐に抱いて修行に励んだことから、懐石とか、薬石とかいう言葉があるんですね。ひもじさをしのぐ程度の軽いものという意味が、本来はあるわけです。ところが、このごろの日本では、一番贅沢な料理が「懐石」になってしまっている。字を替えて「会席」としたりしていますが、本来の懐石の意味を忘れたくないと思います。

そういうわけで、「草木・風水にも」というのは、天地いっぱいにも、ということです。「利行」というのは、人ばかりじゃないんだ、と。動物にも、草木にも、山川草木すべての上に、さいわいであるように、と。地球という合同船に乗り合わせた草木も動物もみな、兄弟です。

鳥取の山奥のほうにお話に行ったときですが、その山間は、とってもきれいな紅葉の時期でした。運転手さんが、「こういうきれいに紅葉している山というのは、健康な山の証拠です。こういう山を背負ったところを流れる渓川では、水が枯れません。その渓川の下流の農山村も、水には苦労しません」と話してくれました。

紅葉がこれほど綺麗というのは、落葉樹が紅葉して、さまざまに彩りを見せるわけです。これだけ山が美しいというのは、山が健康な証拠です。健康な山は水を保ってくれる。健康な樹々があるから、水があるわけで、この健康な山を背負った川の水は枯れず、その川下の農山村は水に苦労しない。

ところが今、台風などで山崩れを起こしているところは、ほとんどが人工樹林です。そのために山が死ぬ。太陽の光が通らない。落葉樹もない。山が死んでしまうと、水も枯れる。そういうところでは、動物たちが食べるものがなくなる。冬のはじめになると、動物たちは冬眠のためにお腹いっぱいにしなければならないのに、食べるものがない。だから、あっちでもこっちでも、里や街に出てくると、またそこで殺される。悪循環の繰り返しですけれど、これが人間のやっていることです。

そういう意味で、我われは、人類の都合ばかり考えずに、少なくとも地球的な視野で、草木や動物やすべてのもののためにどうあるべきかを真剣に考えなければなりません。村上和雄先生がおっしゃる、「モア・アンド・モア」、「もっともっと」という、果てしない人類の欲望のために、地球を駄目にしていく。動物や植物が、あとからあとから絶滅する。その姿は人類の明日の姿なんだと受け止めなければならない、とおっしゃっている言葉がよくわかりますね。

「草木・風水にも、利行の、おのれづから不退不転なる道理」というのは、地球のすべてのもののために、心を運ばなきゃならないというんですね。

六　同事

自にもたがわず、他にもたがわず

同事《どうじ》、といふは、不違《ふい》なり。自にも不違なり、他にも不違なり。たとへば、人間の如来は、人間に同《どう》ぜるがごとし。人界《にんがい》に同ずるをもてしりぬ、同余界《どうよかい》なるべし。同事をしるとき、自他一如なり。

「不違」の「違」というのは、違《たが》う、背く、遠ざかる、そのものと距離をおく、そのような意味です。それに対して「不違」は、離れない、背かない、そのものと一つ世界を生きる、ということです。

「自にも不違なり、他にも不違なり。」自分は自分の世界を生きていて、しかも、他と背かないというのは、実際に難しいことのように思います。たとえばですね、私はお花を楽しんで活けるんですが、その場合に、お花にいろんなのがあっていいんですね。たとえば、ススキなり、背の高いもの。カスミソウなどはふわっと幅を作ってくれる。ダリアなど大きな花は、真ん中でしっかり芯をおさえてくれる。それぞれが、それぞれの個性を生かしながら、全体を生かしてくれる。競り合わない。殺しあわない。お互いを生かしあう。これがお花のうえでは大事なことですね。

ところがですね、近所の花屋さんの主人で面白い人がいましてね。私が、冬、庭に花がなくて買いに行ったときに、こう言うんです。「先生、この頃はね、自己主張の花が多くて。みんな『私が主人公』っていう顔をしている花ばかり。そういう中におりますと、くたびれますわな」と。たしかに、洋花なんか、そういうものが多いですがね。主人公ばっかりでは、くたびれてしまう。

大自然の姿も同じですね。いろんな姿の花があって、それこそ、足もとに咲くかわいらしい草花もある。大きく咲く花もある。ススキのように背の高いものもある。いろんなのがあって、それぞれに自分の特徴を十分に発揮しながら、しかも相手と競り合わない。お

米寿記念に教え子たちから贈られたオオヤマレンゲが花をつける

互いを生かしあう。これが、「自にも不違なり、他にも不違なり」なんですね。競り合って相手を殺してしまったら、「違《たが》う」ことになる。

『般若心経』の「五蘊皆空《ごおんかいくう》」とは、そういう意味ですよね。「蘊《おん》」とは、梵語でスカンダといって、それぞれが働きながら、調和している姿です。五蘊とは、色受想行識ですが、色はこの身体、受は感受作用、想行識は心の精神作用ですから、簡単にいえば、全部ひっくるめて身心のことです。身心がそれぞれのはたらきをしながら、一つにまとまって機能している姿、それが「蘊」です。我われの身体の、三十七兆個の細胞が、それぞれの配役をつとめながら、一つになってこの身体を支えてくれているのです。

「不違」ということでもう一つ。これも古い話ですけれども、お花を取りに行って、捻挫をした。そうしますと、くしゃみ一つしても、体中が痛い。ということは、くしゃみ一つするのに、体全部が手伝ってくれているということですね。

いま、私は右の手が非常に痛い。もともと手は丈夫だったのですが、足の悪いのをかばって、使いすぎたんですね。そうすると、温熱療法をしてくれる人がいるのですが、痛いほうだけ治療していたのでは駄目なので、「体全部が同い年だから」と言って、体全体をやりながら、この痛い右の手もやってくれています。

くしゃみ一つするために、身体全部が手伝っている。これは回互《えご》、円転《えんでん》だ。これが不違の世界。たがわない世界です。

しかしながら、くしゃみは口でしかできない。代わってもらえない。噛むことも口でしかできない。全部が協力しあうけれども、三十七兆個の細胞はどれ一つとして代わってもらえない。これが不回互《ふえご》です。『参同契』に、「回互《えご》と不回互《ふえご》と回《え》してさらに相渉《あいわた》る」とありますね。

「人間の如来は、人間に同《どう》ぜるがごとし。人界《にんがい》に同ずるをもてしりぬ、同余界《どうよかい》なるべし」。人間以外の世界にもみな、同じことがいえる。たとえば、六道能化の六地蔵さんの姿、あるいは、九品の阿弥陀如来のように、すべて、相手と一つになって、はたらいていく姿ですね。

「同事をしるとき、自他一如なり」。自他ともに、ひとつの世界を生きているというんですね。

私のお茶の生徒で、一番長く休まず来ている生徒が、そろそろ二千回になるのですが、娘時代から来ています。子どもを三人育てるあいだも、ほとんど休まずにお稽古を続けていました。三人目の娘のとき、お母さんに赤ちゃんを預けて茶事の手伝いにきていまして、途中でふっと、「先生、赤ちゃんがお腹がすいていると思いますから、おっぱいをやりに行ってきます」というんですよ。そのとき、私は子供を産んでいないからわからないけれど、はじめて知りました。赤ちゃんがお腹がすくときは、お母さんのおっぱいが満ちてくるときと一つなんだということを。だから、おっぱいが張ってきたら、赤ちゃん、お腹がすいているなということになるんですね。命が二つに分かれても、ぶっ続きの命なんだなと知って、感動いたしました。

一つ命に生かされているということ、自他一如という言葉。いいですね。この「自他一如」というので、相手の悲しみやよろこびを、我がよろこびとし、我が悲しみとする。こういう姿もあるのですね。

かの琴《きん》・詩《し》・酒《しゅ》は、人《ひと》を、ともとし、天を、ともとし、神を、ともとす。人は、琴・詩・酒をともとす、琴・詩・酒は、琴・詩・酒をともとし、人は、人をともとし、天は、天をともとし、神は、神をともとすることわりあり。これ、同事の習学《しゅうがく》なり。

この「琴・詩・酒」は、白居易（白楽天）が琴と詩と酒を友にした、というのをとりあげて、同事の一つのたとえとしたわけです。

臨済宗で「不生禅」を唱えた盤珪永琢《ばんけいようたく》という方がおられますね。この盤珪永琢禅師のところに出入りしている按摩さん、目の不自由な方が、盤珪様のことを、「盤珪様は恐ろしいお方だ」と、こう言ったというんです。目の不自由な方というのは、声を非常に深く受け止めます。

普通の人が、人の喜びを「おめでとう」と言う場合を聞いていると、羨ましいという響きがどこかにある。普通の人が悲しみに対して、お悔やみを言うときは、私でなくてよかったという響きがどこかにある。ところが、盤珪様にはそれがない。相手と本当に一つになって悲しみ、一つになって喜んでいる。それで、「盤珪様は恐ろしい人だ」と言ったというのです。自他一如というのは、そういうことですね。

マザー・テレサがインドへ行って、ご自分も裸足になられました。インドで履物は高価な贅沢品で、おおかたは裸足です。だから足の病気がわりに多い。そういう人たちの中へ行ったマザー・テレサは、ご自分も裸足になり、インドでは一番貧しい人が着る、白の木綿のサリーを自分たちの制服にして、人々の中に入っていかれた。同事・同悲とはこういうことですね。

私もここ三、四年、病気をいっぱいもらったおかげで、やっとここでいう同事・同悲の勉強が出来ました。頭じゃなくて体で、同事・同悲の学びができて、それこそ、行得、体得というんですかな。有難かったな、と、喜んでおります。

道元様が、「四運を一景に競う」とお示しになっておられますね。「四運」とは「生老病死」です。私の場合、「老病死」をここ三、四年の間に一気に勉強させてもらうことができて、どうにか、これで一生の全体の見通しというのが出来るようになったかな、と。道元禅師のおっしゃるこの「生老病死」の四運を、しかも、「一」は同じに、「景」は一歩進んで豊かな景色とうけとめろという、この言葉を身体で学ぶことができて、良かったなと思い、病気を「南無」と拝んでいることです。

そのように、いかなることにも、一つになっていく姿で、「直下《じきげ》に第二人なし」と、そういう寸分の隔たりもない様です。たとえば、観音様の三十三応化身のように、子どもには子どもの心・姿になる。そのときには、観音様の姿はそこにはなく、子どもしかいない。というように、一つになっていく。「第二人なし」というのは、そういう姿と、まずは受け止めていきましょう。

事を同じくする実践のすがた

たとへば、事《じ》といふは、儀《ぎ》なり、威《い》なり、態《たい》なり。他をして自に同ぜしめて、のちに自をして他に同ぜしむる道理あるべし。自・他は、ときにしたがうて無窮なり。

ここまでは「同事」の心の問題の面についてでした。回互・不回互。一つ世界を生きる、という心の問題のほうです。ここからは、具体的な実践面ですね。「同事というは不違なり」は、事を同じくする。具体的な姿のほうですね。中国においては、いろんな言い方がありますね。「事」と「理」。「回互」と「不回互」。あるいは、語録などを読んでおりますと、「明」と「暗」というような表現も出てきます。『参同契』には「明」と「暗」という表現で出てきますね。「明暗おのおの相対して、比するに前後の歩みのごとし」と。「明」のほうは差別世界。明々として全部の姿が見える。「暗」は平等の世界。真っ暗闇で、違いが見えない、絶対平等の世界です。「明」はさらに、昼という表現にしてみたり、「暗」は夜という表現にしてみたり。いろんな表現が出てきます。暗、夜は平等な全仏性の世界。明、昼のほうは、具体的な姿を持った悉有の世界をいうわけです。

要するに、具体的な今ここでの姿・かたちにあらわれる。行住坐臥の四威儀として行じられなきゃならない。これがここでいうと、「事といふは、儀なり、威なり、態なり」の心ですね。

さっき言いました、マザー・テレサが貧しい人々の中に入っていくのに、自分も裸足になり、一番貧しい人の着る白木綿のサリーを制服にして、みんなと姿・かたちなどすべて同じになられた。これが「儀なり、威なり、態なり」ということですね。

海と水のたとえ

「他をして自に同ぜしめて、のちに自をして他に同ぜしむる道理あるべし」。このお言葉の次に、海の話が出てきますね。

管子云ク、海ハ不レ辞セ水ヲ、故ニ能ク成ス二其ノ大一ヲ。山ハ不レ辞セ土ヲ、故ニ能ク成ス二其ノ高一ヲ。明主ハ不レ厭ワレ人ヲ、故ニ能ク成ス二其ノ衆一ヲ。〈管子《かんし》云く、海は水を辞せず、故に能く其《そ》の大を成《な》す。山は土を辞せず、故に能く其の高を成《な》す。明主は人を厭《いと》わず、故に能く其《そ》の衆を成す。〉

ここですね。海と水にたとえる。「他をして自に同ぜしめる」。海はどんな川の水も拒まない。木曽川の水はいいけど、天竜川の水はいやだ、とは言わない。どんな川の水も拒まず、受け入れる。

今度は川のほうにまわって、「自をして他に同ぜしむる」。川はこの海に入るのはいやだ、とは言わない。どんな海にも入っていく。どちらも無我だから、空っぽだから。

この双方が合わさって、「他をして自に同ぜしめて、のちに自をして他に同ぜしむる」ということになるのです。

管子というのは中国の春秋時代の人で、管仲《かんちゅう》というのが名前ですね。孔子より少し前に活躍した人です。紀元前六五〇年くらいのものですね。海は、どんな川の水も受けるから大きくなれる。山も、どんな土でも、どんな石でも受け入れるから、高きを成す。明主というのは理想的な王様です。理想的な王様は、どこの国の人であろうと、いかなる人であろうと受け入れるから、国が栄える。「衆景を摂して光々無礙」という言葉がありますけれど、全部を厭わずに受け入れる。

しるべし、海の、水を辞《じ》せざるは、同事なり。さらにしるべし、水の、海を辞せざる徳も、具足せるなり。このゆえに、よく水《みず》あつまりて海となり、土《つち》かさなりて山となるなり。ひそかにしりぬ、海は、海を辞せざるがゆえに、海をなし、おほきなることをなす。山は、山を辞せざるがゆえに、山をなし、たかきことをなすなり。

これも今言ったとおりですね。いかなる水も受け入れる。水のほうも、いかなる海も厭わずに入っていく。だから、海ともなる。「土かさなりて山となるなり」。いかなる土も厭わない。石であろうと、何であろうと受け入れる。だから、山ともなる。

道元さまの『典座教訓』でいえば、「喜心・老心・大心」の「大心」にあたるわけでしょうね。「その心を大海にして」という、大海の心というわけなんでしょう。「所謂、大心とは、其の心を大山にし、其の心を大海にして、偏なく党なき心なり」というような、お心といえましょう。

一言を口に出すとき三つのことをたしかめる

明主《めいしゅ》は、人をいとはざるがゆえに、その衆《しゅ》をなす。衆とは、国なり。いはゆる明主とは、帝王をいふなるべし。帝王は、人をいとはざるなり、人をいとはずといへども、賞《しょう》・罰《ばつ》なきにあらず、賞・罰ありといへども、人をいとふことなし。

「賞・罰なきにあらず」ということは、ほめるとか、叱るということがないわけじゃない。「罪を憎んで人を憎まず」といいますけれども、褒めるときは、褒める。叱るときは、叱らなければならない。けれども、憎しみというものがあってはいけない、というのですね。そのへんが、難しい。

お釈迦様にこんなお話がありますね。お釈迦様はたった一言をお話になるのに、三つのことを心がけたというんです。

まずはそのことが真理・道理にかなっているかどうか、あるいは、それが真実であるかどうか。たとえば、人の噂でも、それが気に入った人の間を通ってくるか、気に入らない人の間を通ってくるかで、話が全然変わってくる、ということもあります。だから、まずは一つのことを喋ろうとするとき、そのことが真理にかなっているか、道にかなっているかということが一つ。あるいは噂であったら、事実かどうかを確かめなければなりません。

それから、二つ目は、それを相手に語って、相手のプラスになるかどうかをたしかめる。同じ一つのことでも、相手に話さない方がいいこともある。そのことを伝えて、相手のプラスになると確かめがつくことだけを喋る、というんですね。

三つ目、そのことが事実で、そのことを伝えると相手のプラスになると確かめがついたら、相手の好むと好まざるとにかかわらず、これを話す。ここは毅然としていますね。われわれはうっかりすると、相手が喜ぶことは言うけれど、相手の望まないことは言わないでおきましょう、ということになりかねない。本当は言った方がいいと思うんだけれども、喜ばれないなら言わないでおきましょう、というようなところがある。そうじゃない。好むと好まざるとにかかわらず、これが事実で、これを伝えることが相手のためになると確かめがついたら、これを相手に伝える、と。お釈迦さまは、たった一言を言うだけでも、それだけ確かめるとおっしゃるんですよ。

私はそれにもう二つ、付け加えることにしています。相手に伝えるのに、お互いの心が穏やかであるときを選ぶ。澤木老師が、「心が激昂している時は、喋るな。穏やかに伝えることができないから」とおっしゃっていました。言うべきことであっても、お互いの心が波立っているときは、素直に受け止めてもらえない。だから、お互いの心の状態が穏やかであるのを待つ。これが一つ。

もう一つ、場所を選ぶ。たとえば、褒めるときは人の前でもいい。しかし、叱らなきゃならないときは、そっと陰に呼んで叱る。これも一つの心の運びだと思います。

というように、言うべきことを、三つの条件を確かめたうえでしかも、時と場所と心の状態を選んでから言う。たった一言でも、それだけの心の運びが大事だろうなと思っております。

褒めるときは、褒めなきゃならない。叱るときは、叱らねばならない。問題は、それをどこまで慈悲をもって喋るか。そういうことですね。

大乗へのめざめ

むかし、すなほなりしときは、国に賞・罰なかりき。かのときの賞・罰は、いまと、ひとしからざればなり。

「すなほなりしとき」というのは、昔は人間が素直だったと、素朴だったと。本当は、賞・罰、何もないのがいいんですね。

お釈迦様のご在世当時、おそらく、戒法というのは、最初はあまりなかったと思うんです。しかし、時代が経るほどに、いろいろなものができるほどに、戒法がだんだんだんだん増えてきて、二百五十戒だの三百戒だの、できましたけど、はじめは、あまりなかっただろうと思うんです。何もないのがいちばんいいんですね。

前にもお話ししたと思うのですが、北海道の農学校をつくるのにクラーク博士をお迎えするにあたって、学校側がいろんな校則を作ろうとしたといいます。しかし、クラーク博士は、何も要らない、と。「ビー・ジェントルマン」これ一つあればいい、と。紳士としての自覚があれば、何も要らない、と。ああしてはいけない、こうしてはいけないじゃなくて、おのずから調う、と。紳士としての自覚があれば、おのずから調う。だから、校則なんか一つも要らない、と。こう言ったといいます。これですね。同じことです。

「戒」と「律」の違いというのは、律というのは、してはならない、してはならないと、他律的ですね。それに対して、戒は自分から、しないではおれなくなる、自然に守るようになる、それが戒だろうと思うんです。「してはならない」というのと、「しないではおれなくなる」のと、この違いが戒と律だろうと思うんです。本来は何もなくても、おのずから調う。これが、本当の姿であろうと思います。

道元様の御遠忌のときの記念講座として、会場をここ尼僧堂にもってきたことがありました。このとき、「開発僧《かいほっそう》を囲むシンポジウム」というのがありまして、奈良康明先生が講師で、私が会場主として、もう一人の講師になりました。

そのとき、「開発僧《かいほっそう》」という、東南アジアのいわゆる上座部仏教の人たちの五、六人が来られまして、奈良康明先生が開発僧の説明をされました。

いったい、どういう人かといいますと。私もご縁があって、上座部仏教の人たちのところへ何度も行きましたが、たしかに、二百五十戒や三百戒を守るのに窮窮《きゅうきゅう》としていて、実際上、戒を守るのが精いっぱい、そんな生活をしていらっしゃる。そういうあり方に対して、これでは生きた人に働きかける暇《いとま》がない、それではお釈迦様の教えにもとるのではないか、と気づいた人たちが、おもな戒法は守るにしても、戒律にがんじがらめにならず、むしろ、生きた人への具体的な働きかけをしようじゃないかと、立ち上がった人たちを「開発僧」というのだそうです。これを聞きまして、あ、良い意味の大乗仏教への目覚めだな、と思ったことを覚えております。

それでも、おもな戒法は守っていますからね、十二時前に食事をしないと、それ以降は食べられないんですね。それで、十二時近くになった。私は、「シンポジウムが途中でもいいから中断させて、開発僧の方々に先に食事をしてもらいましょう。我われは十二時を過ぎても食べられるけれど、向こうの方々は食べられないから」と申し上げて、シンポジウムを中断して食事にしたことを覚えております。

そのときに、食事をしながらですが、奈良先生が私に「『二指浄《にしじょう》』ということをご存じですか」とおっしゃいますから、「いえ、知りません」と言ったら、おもしろいお話をされました。正午までに食事をするといえば、太陽が真南で自分の影が真北に映る、それまでにこの昼食を食べ終わらなきゃならない。それが一般的です。それに対して、自分の影が指二本分こちらへくるまでは、まあ食べていてもいい、と、ちょっと緩やかな派があります。戒法の守り方が、わずか二本の指程度、違うんだそうな。それを「二指」というのだとおっしゃるんです。

戒法通り、私どもの影が真北に、そこまでに食べ終わらなきゃならんというのと、二本指がこちらへくるまでは、まあいいだろうと、ちょっとゆとりがあるのと。これで派が違うんだというのです。

私が、「ああ、そうですか」と言って。「それで、浄というのは何です?」と言ったら、こう説明してくれました。たとえば、向こうの方は御布施を直接いただくことは、穢れていると考えるんですね。僧侶は金銭を直接に受け取ってはいけないと。それで、水の中へ投げ込んでもらうんだそうな。水の中へ投げ込んだお金を水の中からすくえば、浄まるということですかな、とおっしゃるんです。一度人の手を離れたことにするんでしょうかね。それで私は、「コインならいいけど、お札を水につけたら困るじゃないですか」と、そんな質問をするほうがおかしいのかもしれませんが、そんなことをお尋ねしたことを覚えております。

申し訳ないけれど、「二指浄」の話を聞いただけでも、戒法をただただ守るということは、私どもにとっては、なんてまあ、笑いたくなるような、と思ってしまいますが。「開発僧《かいほっそう》」というのは、たとえばそのように、戒法の条目を守ることに命がけになると、何も生きた働きが出来ないという疑問、そこから立ち上がったというのです。本来は、戒なんていうのは、何もなくてもすんでいたのだろうと思うんです。それがだんだんと、戒法がたくさん増えていった。ここの「むかし、すなほなりしとき」というのは、何もなくても、ちゃんと調っていた時代、というようなふうにいただきたい。本当は、戒法も何もなくてもすむのが、本来なんですね。

賞罰なき宗教の世界

「むかし、すなほなりしときは、国に賞・罰なかりき。かのときの賞・罰は、いまと、ひとしからざればなり。」

この「賞・罰なかりき」世界。この賞罰なき世界として、もう一つ思い出すことがあります。尻枝神父様というのは、ヨーロッパで、ローマ法王の側近として大変活躍しておられました方です。東西霊性交流で、私も何度もキリスト教の世界に勉強させていただいて、ローマ法王とも何度もお目にかかり、そのとき、尻枝神父様とも何度かご縁がありました。この尻枝神父様の何気ないお話の一つひとつが、非常に心に残ったのを忘れません。

尻枝神父様が、キリスト教と出会ったきっかけを話してくださいました。お父様が戦争で早く亡くなり、お母さんは、子どもを連れて実家に帰りました。しかし実家では、子連れで帰ってきても、お荷物になっている。みんなに迷惑をかけたくないので、小さくても何でもいいから、別に小さなお家を建てて、そちらへ出よう、とお母さんが考えているのを尻枝少年が見るんですね。見ていて、自分なりに何か手伝えないかと考えた。

そのとき、学校の往復途中に、進駐軍が教会を建てる材料を野積みにしていたらしいんです。それを尻枝少年は、盗みに行くんです。その建てる材料の釘を、野積みになっているなかから、夢中になってリュックサックに入れていた。そうしたら、あんまり見慣れない姿をした外国の方がそばへやって来て、一緒に入れてくれたっていうんですね。一緒に釘を詰めて、リュックサックを背負わせてくれて、「足りなかったら、いらっしゃい」と、また言ってくれたと言うんですよ。まあ、びっくり仰天して、とにかくお家へ帰ってリュックサックを放り投げ、ひっくり返っていた。しばらくそうしていてから、「理想を見つけた」と言って、教会へ飛び込むんですね。

そして、その神父様の弟子になって、神父の道を歩みだしてしまった、と。そういう話を、ご自分がカトリックの神父になるきっかけとして、話してくださいました。神父様が釘を盗みに行ったことを咎めずに、逆に一緒に入れてくれて、「足りなかったら、またいらっしゃい」と言ってくださった。そういう、まさに、賞罰なき世界です。そういう世界に非常に驚くとともに、感動して、「自分の人生の理想を見つけた」と言って、教会へ飛び込んでゆき、そのままその方の弟子になった、と。そして結局、生涯をかけて神父の道を歩いた、という話を聞きましてね。ああ、今様《いまよう》のジャン・バルジャンだな、と思って聞いたことを忘れません。

やはり、宗教の世界は賞罰なき世界じゃなきゃならない。昔ばかりじゃない。宗教の世界そのものは、賞罰のない世界でなきゃならないのではないのかなと、こう思うわけですね。

結果を待たずに道を求める

いまも、賞をまたずして道《どう》をもとむる人もあるべきなり、愚夫の思慮の、およ

ぶべきにあらず。

「賞をまたずして道《どう》をもとむる」これもいいですね。要するに、賞をまたないというのは、結果を待たないということです。我われは何かすると、結果が欲しいわけだ。坐禅そのものも、悟りが欲しいとか、何かを求めてしまうものだけども、その結果を欲しがらない。これが一つの大事な見方でしょうな。

道元禅師も、ただ、「修」あるのみとおっしゃっています。ただ、やりさえすれば、おのずから結果はついてくる。「修すれば証そのなかにあり」と。修するところにおのずから証はついてくる。

「修のほかに証を求むることなかれ」あるいは、「修の中に証あり」とも、道元禅師はおっしゃっていますね。これは、結果を欲しがらない、という姿勢です。

私の小学校の頃のお友だちで、大工になった人がいまして。この人がなかなか面白い大工でしたが、「この頃の大工は、みんな給料とりになりやがって。これをやったらいくら儲かると、金の計算ばかりして、ろくな仕事をしやしない」と、言った言葉を今も忘れません。仕事が目的じゃなくて、仕事をして給料を取ることが目的だ。これだけやったらいくら儲かると、計算ずくでは、職人としていい仕事はできない。私どもも、そのことをやること自身が目的であって、その結果を欲しがらない。計算をしない。そういう賞罰なき世界でありたいものです。「賞をまたずして道《どう》をもとむる」、そういう姿が出来たらいいなと思うのですが。

余語老師がよく、文化の形態に二つある、とおっしゃいました。

Ⓐ←A　目的に重点をおく

B→Ⓑ　いま、ここに重点をおく

右側は、目的Ⓐに重点をおき、その手段としていまの実践Aがある。左側は、目的Bへの一応の方向づけはあるけれども、大事なのはいま、ここⒷの実践です。

たとえば、彼の岸、彼岸にゆくための船としての念仏、という修しかたがあります。お念仏も、極楽へ行くための念仏、だから百万遍といい、たくさんのほうがいいという、浄土宗のひとつのあり方ですね。あるいは、臨済宗の公案禅のように、お悟りを開くための坐禅があります。そういう意味で余語老師がよく、安心《あんじん》のあり方、信仰の落ち着きどころとしては、臨済と浄土宗がいちばん近いとおっしゃるんです。お浄土へ行くための念仏。あるいは、お悟りを開くための坐禅。というように、悟り（Ⓐ）のほうに焦点をおくあり方ですね。

他方で、曹洞宗と浄土真宗、これはそうではない。坐禅そのものが目的だ。念仏そのものが目的だ。もう一ついったら、回向されて、法に催《もよお》されて、仏《ほとけ》に回向されて念仏をする。法にもよおされて坐禅をする。矢印の向きが反対だ。これ（Ｂ）が欲しいんじゃない。この実践（Ⓑ）が目的だ。坐禅そのものを目的とする。念仏すること自身を目的とする。浄土真宗と曹洞宗はこちらだ。

だから、素人目に念仏とか坐禅だけを見ていると、わからないけれど、安心《あんじん》のあり方は、臨済と曹洞はいちばん遠いのだと。むしろ、浄土真宗と曹洞宗が似ている、近いのだと、そうおっしゃったことを忘れませんね。

問題は、刻々に、今、ここに焦点をおく。今、ここで、どう生きるか、これが大事なことですね。「時は今　ところ足もと」で、今、ここに命をかける。二十四時間、三百六十五日体制。

結果を待たずに、「賞をまたずして道《どう》をもとむる」とは、そういうことですね。結果はどうなってもよろしい、問題は、今、ここ、今、ここに、命をかける。そういうことです。

もう一つそれで思い出す言葉があります。唯識の太田久紀先生がこうおっしゃいましたね。

「仏教は因果論というけれど、我われには「果」に発言権はない。結果はどうなっても一切おまかせだ。よき師のおおせのもとに、限りなくよき因を積むのみ。」

この言葉が忘れられませんね。結果は一切おまかせ。結果を問わない。結果を欲しがらない。「賞をまたずして道《どう》をもとむる」というのは、そういうことですね。

仏とはなにか

明主は、あきらかなるがゆえに、人をいとはず。人《ひと》、かならず国をなし、明主をもとむるこころあれども、明主の明主たる道理をことごとくしる事《こと》まれなるゆえに、明主にいとはれずとのみよろこぶといへども、わが、明主をいとはざるとしらず。

ここのところで、この「愚夫」とか「暗人」というのは、「物事の道理に通じない者」と、説明がありますね。「愚夫」というのは、仏とは何なのか、わかっていない、天地の道理がまったくわかっていない、そういう人々です。

「仏とは何なのか」ということで、得度や布薩で仏戒を授かるときにお読みする『教授戒文』にも、仏・法・僧の三宝について、このように説かれています。

三宝に三種の功徳あり
いわゆる　一体三宝　現前三宝　住持三宝　これなり

とありますね。これは、本当は大変な言葉です。

「一体三宝」は、原点ですね。天地宇宙の真理そのもの、これが一番の原点です。そこの仏が、法身仏です。「清浄法身毘盧遮那仏《しんじんぱしんびるしゃのうふう》」の法身仏。

まず、天地宇宙はこうなっている、その中で、万物、そして人間もこのように生かされている。天地総力をあげてのお働きをいただいて、私もこうしてしゃべることが出来る、みなさんも聞くことが出来る。天地いっぱいの総力をあげてのお働きをいただいて、たった一輪のスミレも咲くことが出来る。一つひとつ、すべての背景に天地いっぱいの働きがある。そういう天地の姿。それが、「一体三宝」です。その働きのおかげで、私どもは生かさせていただいているんですね。

その天地の原点の働きに気づかれて、人の言葉を借りてお説きくださったのが、歴史上の仏ですね。「天地の原理はこうなっているんだ。だからこう生きていこうじゃないか。その命にふさわしい、今、ここの生き方をしようじゃないか」と、人の言葉を借りてお説きくださった仏様、お釈迦様のことです。ご修行の果てに、その天地宇宙の真理に目覚めて、八十年のご生涯をかけて、インドの地を一歩一歩歩まれながら、一人ひとりにその真理をお説きくださった。それが「仏法」に対して「仏教」になる。そして、そのお釈迦様のもとで、お釈迦様に帰依してともに修行をしようとする仲間が出来る。歴史上の仏法僧三宝。これが「現前三宝」です。

しかし、どんなにお釈迦様が素晴らしい教えを説き遺されても、文字だけだったら、とっくに消えております。ここまで生きた格好で伝わってはまいりません。それを、命がけで、すべてを捨てて命がけで求め、教えを聞き、修行し、体得し、人格相伝で、感動の中に人から人へと相続されてきた。これが「住持三宝」ですよ。二千五百年の長きにわたって、今日《こんにち》、私どもの手もとまで、生きた仏法として、伝わってきた。これが人格相伝です。文字だけでは、とっくに消えています。その人に出会うことによっての感動ですね。それを書いたのが「血脈」ですね。切れば血の出る人格相伝で、感動の中に、お釈迦様の仏法を二千五百年、ここまで伝えてくださった。玄奘三蔵が命がけで砂漠を往復されたり、鑑真和上が五回までも難破して、目が見えなくなっても、あきらめずに日本に法をお伝えくださったり。そういう限りない多くの祖師方の、命がけの求道と相続によって、仏法を、私どもの手もとまで、現在、お届けくださった。これが「住持三宝」です。この「住持三宝」の働きがなかったら、仏法はとっくに消えております。

「かたじけなくも住持三宝の境涯を拝す」という言葉がありますでしょう。私どもは、その「住持三宝」の最後尾に連ならせていただいているんですよ。お寺の住職のことを「住持さん」ともいいますが、「住持」というのは、寺に住んでいるから「住持」じゃないんですよ。そんなんじゃない。法に住し、法を護持するから「住持」です。これはよく心にとめておきましょう。私どもはその住持三宝の末裔に席をおかせていただいている。まことに、もったいないことです。ちゃんとやっておるかどうか、自分に問うてみたい。「かたじけなくも住持三宝の境涯を拝す」というこの一句は、心にしみております。かたじけなくも、そういうところに自分をおかせていただいている。もったいないことです。やれる、やれない、の結果は問わない。誓願として、出来るだけのことはさせていただかねば、と、それをまずは思うわけです。

そして、住持三宝の仏というのは、象徴です。天地宇宙のそういう働きで生かされている。我われはやっぱり、それを象徴として、子どもがお父さん、お母さんと名を呼びたいように、名をつけて呼びたい。あるいは、姿にあらわして拝みたい。そういう思いを受けて、その天地宇宙の働きを、人間の願いであるから人間の姿を借りて現し、仏像ができた。毘盧遮那仏とか、大日如来とか。あるいは、無限の働きの角度から名をつけて、観世音菩薩と名をつけたり、地蔵菩薩と名をつけたりする。

名をつけるけども、たくさんあるわけじゃない。そういう方がおられるわけではない。働きです。働きの象徴です。だから、イスラムの人たちは、仏像を偶像として破壊しようとするけれど、少なくとも、仏像は偶像ではありません。

しかしながら、今、言ったように、この眼に訴えて拝みたい。だから、

ホトケトナ　ナモナキモノノ　ミナナルニ

と柳宗悦さんがいっていますね。仏とは、名もなく、姿もない、具体的な姿を持たない。本来は天地のそういう姿です、働きです。

ですから、仏といっても、いろんな意味があるわけです。

すべてを無条件で受け入れる

明主は、あきらかなるがゆえに、人をいとはず。人《ひと》、かならず国をなし、明主をもとむるこころあれども、明主の明主たる道理をことごとくしる事《こと》まれなるゆえに、明主にいとはれずとのみよろこぶといへども、わが、明主をいとはざるとしらず。

この「明主」と「愚夫」とのところを、「海」と「川」とに言葉を置き換えてみると、わかり良いかなと思うんですね。この、「明主」を仏法とか、仏《ほとけ》という言葉に置き換えてもいいでしょうし。あるいは、海にたとえる。それから、「愚夫」、私を川にたとえる。このような譬えは、「同事」のところにもありましたね。そのほうがわかりいいのではないかなという気がいたします。

海はどんな川もいとわない。この川はいれてやるけど、この川はいやだ、とはいわない。いかなる川も全部受け入れる。この大きさですね。海はいかなる川の水も無条件で受け入れる。

もう一つ、今度は、愚夫を川のほうにたとえる。川はこの海をいやだとはいわない。いかなる海であろうとも、入っていく。そこに自我がないから。

海と川とどちらも、受け入れるほうも、入っていくほうも、どちらも同事行ですね。そういう姿です。この人はいやだ、とはいわない。あるいは、この川はいやだ、とはいわない。すべてを無条件で受け入れる。そういう姿と、ここは受け止めていただくと、わかり良いかと思います。

このゆえに、明主にも、暗人《あんにん》にも、同事の道理あるがゆえに、同事は、薩埵《さった》の行願《ぎょうがん》なり。ただまさに、やはらかなる容顔をもて、一切にむかふべし。

「同事は、薩埵《さった》の行願《ぎょうがん》なり」。薩埵というのは、菩薩です。菩薩の行願です。そして、「ただまさに、やはらかなる容顔をもて、一切にむかふべし」という、この一句で結びにしている。これを、心にとめておきたいですね。

この「四摂法」の最初に申し上げた、「菩薩」とは、「菩薩の誓願」とは、ということを、ちょっとだけふり返っておきますと。人間の欲望がイコール悪ではない。こうして勉強しようというのも欲ですからね。ただ、凡夫の自我の私が、「ああしたい、こうしたい」という、「たい、たい、たい、たい」という方向へ向かうと、これが煩悩になる。人間の欲の中から、自我の満足でなく、「少しでも向上させてもらいましょう。少しでも世のために。」という方向へと。「ために」という言葉はあまり好きではありませんけれど、「世のため、人のためにお役に立てることが出来たら有難い」と。そういうほうに、利他行に、向上のほうにと、欲の方向づけが出来た人を「菩薩」と呼びます。

「薩埵の行願」というのは、それですね。欲望の方向づけが出来た人、これが「薩埵」、「菩薩」です。一つには布施、二つには愛語、三つには利行、四つには同事と、四つの「四摂法」をお説きくださったけども、その薩埵《さった》の行願である「四摂法」の、またその結びがいいですね。

「やはらかなる容顔をもて、一切にむかふべし」。和顔ですね。この一句で結んでいらっしゃる。

「四摂法」の行願の中に、「たとへば、事《じ》といふは、儀《ぎ》なり、威《い》なり、態《たい》なり」というところがありましたね。具体的な姿としてあらわれる。

要するに、今、ここでの具体的な姿としてあらわれる、その具体的姿として、和顔という言葉をここで出されている。「やはらかなる容顔をもて、一切にむかふべし」、この具体的姿というのは、大事ですね。

今、ひょいと思い出しましたが、マザー・テレサを訪ねてインドへ行ったことがあります。貧しいお方々に、いわゆる「施し」をするんです。みんなが欠けたようなお茶碗やら何やらを持って、だーっと並んでいる。その人たちに炊き出しをしてさし上げるわけです。それに際して、マザー・テレサは毎回、三つのことを、シスターたちに確かめられたそうです。まず、「ほほえみかけなさい」と。それから「手をにぎりなさい」と。それから、「お体はどうですか」、とか、「ひと言、声をかけなさい」と。まさにこれが具体的な、「儀なり、威なり、態なり」ですね。

心で思っているだけではなくて、具体的に姿・かたちとしてあらわしなさい、と。私も今、ふり返ることがあります。信州の寺に通ってくる人の一人ですけれど、この人は、大変悲しい生い立ちをした人で、結果的に、ヤクザの仲間にされて、ちょこちょこ悪いことをして、ちょこちょこ刑務所へ出たり入ったり、というのがご縁で、私のところへ来るようになりました。

その人が、ある日、お母さんの法事をしたいと。しかし地元にヤクザの親分さんがいて、法事に呼ばないのにやって来て、いちばん上に座るわけだ。だから、その息子は言いたいことも言えない、というような感じがありまして。その息子がやがて、何とかヤクザから足を洗って立ち直りたいけれど、地元にその親分がいるために、立ち直りきれないところがある。「先生、三年遠くへ姿を消して、行ってきますから、信じて待っていてください」と言いに来ました。だから、「待っているよ」と言って、ふっと、こう握手をした。そうしたら、思わずその握手で、わーっと涙を流して、涙を拭きながら、出て行きました。

三年間、関東へ行っていたようです。三年過ぎてから、「先生、何とかやっていけるようになったから、自信がついたから」と、帰ってきました。「先生のそばにいたほうがいいから」と、帰ってきました。いい歳になりましたが、今もときどきやって来ます。一生懸命、逆にいろんな人を連れては、やって来ます。そのとき思いましたね。この、「三年、姿を消すから信じて待っていてください」と言ったときに、「ああ、待っているよ、がんばって」と思わず、こう、手を出した。あとでこう言いましたね。小さいときに、大変貧しい人生を生きてきたわけですが、「夜、寒くて、おふくろの布団のところへ『寒いよ』って言ったら、おふくろが布団をあげてくれて、布団の中へもぐりこんできたときの、おふくろのふところの温もりと、あのとき、先生が握手してくれた手の温もり。僕、忘れません」と。このひと言を聞いたときに、ああ、この不幸な青年を何とか生かしている力になっているのは、お母さんのふところの温もりと、私のあのときの、わずかな握手の手の温もりだったんだなと、やっぱり忘れませんですね。

こうして、そっと手を触れるとか、ほほえみかけるとか、ひと言の言葉をかける。これが具体的な姿です。これがここでいう、「儀なり、威なり、態なり」ということでしょうな。ちょっとした心の運びだけれども、具体的な姿をとることの大事さを思います。

そして、ここで、道元様は「和顔」ということで結んでいらっしゃるところが、また素晴らしいと思うんですね。「やはらかなる容顔をもて、一切にむかふべし」という、微笑みかける、これですね。

考えますとね、たとえば、法隆寺に夢違《ゆめたがい》観音がある。また、広隆寺に弥勒菩薩がいらっしゃる。それに対して、ロダンの「考える人」あるいは、十字架にかけられたキリストの姿は、非常に苦難に満ちた姿ですね。だいたいキリスト教の場合は、十字架にかかったキリストの苦難の姿を、ほとんどは祀っていますね。あるいは、こうやって背中を丸めて、顎に手を当てて、思いに沈んでいる姿がロダンの「考える人」です。

このロダンの「考える人」と日本の弥勒菩薩の半跏思惟像を比較して語った人がいましたけども、対照的ですね。東洋の仏さま方は非常に安らかだ。それに対して、十字架のキリストもそうですけども、苦難の姿ですね。

後になってから、キリスト教の世界に、この幼児《おさなご》のキリストを抱くマリアが登場しますでしょう。優しい姿のお母様のマリアが、幼児《おさなご》のキリストを抱いている。あれはまさに、仏教でいったら「子育て地蔵」とか、慈母観音さまの姿の、ヨーロッパ的な表現ですね。キリストを抱くマリアのあのような姿は、キリスト教の歴史の中では、はじめからあったものではなかろうと思います、あの、十字架にかけられたしかめっ面のキリストだけでは、救われないものがある、そうして出てきたような気がしてなりません。対照的に、仏教の場合はどこまでも安らかなほほえみですね。ここがやっぱり、一つの、和顔ということの大切さですね。

この法隆寺の夢違《ゆめたがい》観音を詠んだ、秋艸道人《しゅうそうどうじん》、会津八一先生の歌がありますね。

あめつちに　われひとりゐて　たつごとき
　このさびしさを　きみはほほゑむ

人びとの悲しみ・苦しみに、耳を傾けて、涙しながら、しずかにほほえむ。この歌に対して、文芸評論家の亀井勝一郎さんが、仏のほほえみは、「号泣寸前のほほえみ」。人びとの悲しみを、わが悲しみと受け止める、号泣寸前のほほえみだ、と。そのような言い方をしておられたのを覚えております。

深いところに人びとの悲しみを受け止めて、涙を心の中に深くいただきながら、しずかにほほえむ姿。歯を食いしばる姿ではない。ほほえみです。それが、亀井さんにいわせれば「号泣寸前のほほえみ」というい方になりますでしょうけども。

「天地にわれ一人いて立つごとき」、非常に悲しい、さみしい、それを深く秘めてほほえむ、そういうほほえみ。このほほえみということも、また大変難しいことですけども。仏教のほとけ様方はそういう安らぎをお持ちですね。

地蔵菩薩の御真言は「オン　カカ　カビサンマエイ　ソワカ」です。オンとソワカは、真言のはじめとおわりにつけます。お地蔵様の誓願は「カカ　カビサンマエイ」。「カカ」は、「呵々大笑《かかたいしょう》」という言葉がありますでしょう。明るい笑い声です。「カビサンマエイ」は「莞爾《かんじ》」とも訳して、ほほえみです。だからお地蔵様の御真言は、カカ、ハハという笑い声と、完爾、ほほえみです。いいですね。

日本の古来のお母様は、「かか様」、「はは様」といいましたでしょう。このお地蔵様のカカ、ハハをいただいたのだと聞いております。いついかなるときも、優しく大らかなほほえみと笑い声をたやさない。これが母なる姿だというんです。お母様が、かか様、はは様と呼ばれる所以ですね。素晴らしい名前をもらったわけですが、これは忘れたくないですね。いつでもやわらかなるほほえみと、笑い声という、母なる誓願を持った。これが地蔵菩薩だということです。

もう一つ、ほほえみで思い出すことがあります。「十牛図」は、比較的、臨済の方がよくとり上げられますけども、私も曹洞宗の立場から、と思いましてとり上げてみた著作が、『十牛図　ほんとうの幸せの旅』です。我われの道を求めての旅、この修行の段階を、十段階に分けて説いたものが「十牛図」です。

尼僧堂境内で皆を見守るお地蔵様

改めていうまでもありませんが、禅の世界で「牛」が出たら、仏性とか、お悟りとかいうことになるわけです。その第十番目、最後のほうです。修行もすべて終えて、悟ったこともみんな忘れて、良寛さんのように人びとの中に入っていく姿、これが「入鄽垂手《にってんすいしゅ》」です。「十牛図」を描いた廓庵《かくあん》という方が頌《じゅ》を書いていらっしゃるのですが、十番目「入鄽垂手」の頌に、こうあります。

胸《むね》を露《あら》わにし　足《あし》を跣《はだし》にして　鄽《てん》に入り来《きた》る
土《つち》を抹《まっ》し　灰《はい》を塗《ぬ》って　笑《わら》い腮《あぎと》に満《み》つ
神仙真秘《しんせんしんぴ》の訣《けつ》を用《もち》いず
直《じき》に枯木《こぼく》をして　花《はな》を放《はな》って開《ひら》かしむ

「胸《むね》を露《あら》わにし　足《あし》を跣《はだし》にして」、絵としては、胸を露わに出して、裸足で、福袋を背負ってみんなの中に入っていくという、そういう絵になっています。そして、体中、顔中が「笑《わら》い腮《あぎと》に満《み》つ」と。ほほえみです。ニコニコ笑っている。
「直《じき》に枯木《こぼく》をして　花《はな》を放《はな》って開《ひら》かしむ」。枯れ木に花を咲かせるというんです。その姿を見ただけで、そのほほえみの姿を見ただけで、枯れ木に花を咲かせる。この廓庵様の頌を見たときに、ああ、「花咲爺さん」というのはこれだったな、と思ったことです。

ということで、この「ほほえみ」ということがどんなに大事かと思いましたね。ただそこにいるだけで、その方のほほえみを見ただけで、みんなの心が安らぐという、「ただいるだけで」という相田みつをさんの詩を、布施のところでもご紹介しましたね。

それと対照的な話ですが、キリスト教の、岡山の清心女子大の学長をしておられた渡辺和子先生がこうおっしゃましたね。「不機嫌な顔をして歩いているだけで、環境破壊もはなはだしい」と。まことにその通りだ。和顔施の対照ともいえると思います。いかにこのほほえみが大事か。

ついでに申し上げておくことですが、お釈迦様がお説きになった教えの中に「無財の七施」というのがあります。この「無財の七施」の最初が「和顔施《わげんせ》」、ほほえみです。それから、「愛語施《あいごせ》」。先ほどもマザー・テレサの、ひと言の言葉かけの話をいたしましたが、愛の言葉、和顔愛語《わげんあいご》です。それから、「心慮施《しんりょせ》」、少しでも心あたたまるように、という心の運び。慈しみの目、「慈眼施」。それから、この自分の体で出来ることをさせていただきましょうという、「捨身施《しゃしんせ》」。そして、安らぎの場の提供、「房舎施《ぼうしゃせ》」。良い場所を、席を譲る「座牀施《ざしょうせ》」。

お寺は房舎施《ぼうしゃせ》でありたいですね。すべての人が寺へ来て安らぐ場所にしたい。座牀施《ざしょうせ》というのも、席を譲るというんですが、たとえば、インドでいったら、暑いときに木が大きく茂った、いちばんいいところを譲ってさしあげる、というようないい方も出来ますでしょう。

「無財の七施」は、どれも非常に大事なことですね。私はこれに一つ加えたいのです。「聞施《もんせ》」です。耳を施す。

みなさんが、多くの方々の人生相談を聞く。思いきって向こうが言いたいだけ、全身心を傾けて相手の気持ちを聞きとる。私の信州の寺も、ここ尼僧堂も、よく人生相談がまいります。どんなに忙しくても、相手によっては、一時間でも、とにかく一生懸命聞く。喋るだけ喋って、私はほとんど喋らなくても、みんな納得して、安心して帰る人もある。悲しみをこちらが全部すいとるように聞いてさし上げる。

人生相談の第一は、聞施でしょうね。まずは、とことんまで聞いてあげる。そういうことを僧侶の皆さんは、それぞれのお寺で実践していただくと有難いです。寺というところは、ゴミを捨てに来るところ。悲しみ、苦しみを、捨てに来るところ。それを全部大きく受け入れて、仏法の炎で燃焼させせて、逆に命のエネルギーにかえて、お返しする。これが坊さんの役じゃないですかな。

ほほえみと、ぬくもりと、ひと言の言葉かけというような具体的な姿を持って、悲しみを受け入れてあげる。それを何とか、かんとか言うと、うっかりすると、ゴミを散らすことになる。これではいけない。まして、こっちがゴミになっちゃ困る。いかに、悲しみ、苦しみを受け止められるか。寺がそういう場所になって、はじめて、寺の意味があるだろうと思っております。

この四摂《しょう》、おのおの四摂を具足せるがゆえに、十六摂なるべし。
正法眼蔵菩提薩埵四摂法第二十八
仁治癸卯端午日記録。　入宋伝法沙門道元記

仁治四年、一二四三年。道元様、四十四歳、興聖寺時代の最後のころの示衆です。端午の日は、陰暦五月五日ですね。はじめに概説したように、このころ比叡山からの圧迫が甚だしく、興聖寺は破却され、道元様は越前の吉峰寺へ移られる。その前後、道元様は最も精力的に『正法眼蔵』の各巻を執筆されましたが、「四摂法」はその興聖寺時代の最後の巻になります。

そういうわけで、道元禅師はこの「菩提薩埵四摂法」の一連のお示しを、「和顔施」という、「やはらかなる容顔をもて、一切にむかふべし」という、この一句で結ばれた。このことを、私は心にとめて、毎日の生活の中でこれが実践できたらいいなと思うわけです。

これにて、この「四摂法」の提唱は、一応のおしまいにさせていただきます。

あとがき

一九七一年、アポロ十五号で月面に着陸し、三日間にわたって月探検をなしとげた宇宙飛行士のアーウィンは、月旅行を終えて後、伝道師となって世界中を走りまわり、神の福音を伝えている。彼は云う。

「宇宙飛行士達は、それぞれに独特の体験をしたから、独特の精神的インパクトを受けた。共通していえることはすべての人がより広い視野のもとに世界をみるようになり、新しいビジョンを獲得したということだ。私はミサイルの専門家だが、いまの超大国の軍事的対立を、とても悲しいことだと思う」

「我々が宇宙から見た地球のイメージ、全人類共有の宇宙船地球号の真の姿を伝え、人間精神をより高次の段階に導いていかねば、地球号を操縦しそこなって、人類は滅んでいく。人間はみな同じ地球人なんだ。国が違い、種族が違い、肌の色が違っていようと、みな同じ地球人なんだ」

アポロ七号に乗ったドン・エイゼルは、

「眼下に地球を見ているとね、いま現に、このどこかで人間と人間が領土やイデオロギーのために血を流し合っているのが、ほんとうに信じられないくらいバカげていると思えてならない」

と語っている。

これらの言葉は、立花隆氏がその著『宇宙からの帰還』で紹介しているものの中から引用したものである。立花隆氏は宇宙飛行士達の話を繰り返し聞いているうちに、「私は宇宙飛行士とは『神の眼』を持った人間なのだということに思いあたった」と述懐しておられる。

愛知県第一曹洞宗青年会の皆さまの発願による四十五周年記念事業「眼蔵会」での提唱のうち、「現成公案《げんじょうこうあん》」が本年六月に出版され、この度「菩提薩埵四摂法《ぼだいさったししょうぼう》」が出版の運びとなった。校正等で読み返している私の脳裏をしきりに往来したのが冒頭にかかげた宇宙飛行士達の言葉である。

同時に私の脳裏から離れない言葉がある。

「現代科学に欠けているものを埋め合わせてくれる宗教があるとすれば、仏教である」といったアインシュタインの言葉や、遺伝子の世界的科学者である村上和雄先生が、「釈尊は二千五百年前に直感でこの天地の働きに気付かれた。それをサムシング・グレートと呼んでいる」と語り、「人類ファーストから地球ファーストへ」と語っておられる言葉である。

釈尊が十二月八日未明、菩提樹下で「有情非情同時成道」と、天地悠久の真理に、働きにめざめられ八十年の生涯にわたってそれを説きつづけられた。まさに宇宙飛行士達のいう「宇宙船地球号」的視野であり、「人類ファーストから地球ファースト」への姿勢である。

この釈尊の精神をまっすぐに受けつぎ、言葉をつくしてお示し下さった道元禅師の『正法眼蔵』や『永平広録』。九十二歳を迎えんとするこの歳まで幸いに参究させて頂く勝縁を得たが、しみじみ思う。ようやく入り口に立つ思い。そんな浅学の私の提唱を一冊の本として出して頂く。慚愧の至りである。

出版にあたり、「眼蔵会」を修行して下さった愛知第一曹洞宗青年会、第二十四期会長の中村晋峰師、事務局長の西村元臣師、実行委員長の佐々木康人師を始め青年会の皆様、又上梓にあたり提唱のテープおこしや編集に尽力して下さった松井量孝師、池田瑞光師を始め、春秋社社長の小林公二氏、編集長の豊嶋悠吾氏、編集部の皆様の惜しみなきお力添えによるものであることを記して御礼の言葉とする。

令和六年十月十五日

冬安居の入制の日

青山俊董　合掌

青山　俊董（あおやま　しゅんどう）

昭和８年、愛知県一宮市に生まれる。５歳の頃、長野県塩尻市の曹洞宗無量寺に入門。15歳で得度し、愛知専門尼僧堂に入り修行。その後、駒澤大学仏教学部、同大学院、曹洞宗教化研修所を経て、39年より愛知専門尼僧堂に勤務。51年、堂長に。59年より特別尼僧堂堂長および正法寺住職を兼ねる。現在、無量寺東堂も兼務。

昭和54、62年、東西霊性交流の日本代表として訪欧、修道院生活を体験。昭和46、57、平成23年インドを訪問。仏跡巡拝、並びにマザー・テレサの救済活動を体験。昭和59年、平成9、17年に訪米。アメリカ各地を巡回布教する。参禅指導、講演、執筆に活躍するほか、茶道、華道の教授としても禅の普及に努めている。平成16年、女性では二人目の仏教伝道功労賞を受賞。21年、曹洞宗の僧階「大教師」に尼僧として初めて就任。令和４年、曹洞宗大本山總持寺の西堂に就任する。

著書：『くれないに命耀く』『手放せば仏』『光のなかを歩む』『光に導かれて』『光を伝えた人々』『あなたに贈ることばの花束』『花有情』『生かされて生かして生きる』『あなたに贈る人生の道しるべ』『今ここをおいてどこへ行こうとするのか』『十牛図　ほんとうの幸せの旅』『美しく豊かに生きる』『『正法眼蔵』「現成公案」提唱』（春秋社）、『新・美しき人に』（ぱんたか）、『一度きりの人生だから』『あなたなら、やれる』（海竜社）、『泥があるから、花は咲く』『落ちこまない練習』（幻冬舎）、『道はるかなりとも』『禅のおしえ12か月』（佼成出版社）他多数。またCD等（ユーキャン・致知出版社）も多数。著書のいくつかは、英・独・仏語など数ヶ国語に翻訳されている。

『正法眼蔵』「菩提薩埵四摂法」提唱

2024年11月20日　初版第1刷発行

著　者　青山　俊董
発行者　小林　公二
発行所　株式会社春秋社
〒101-0021
東京都千代田区外神田2-18-6
電話　(03)3255-9611(営業)　(03)3255-9614(編集)
振替　00180-6-24861
https://www.shunjusha.co.jp/
印刷所　萩原印刷株式会社
装　丁　鈴木　伸弘

ISBN 978-4-393-15004-7　C0015　定価はカバー等に表示してあります。